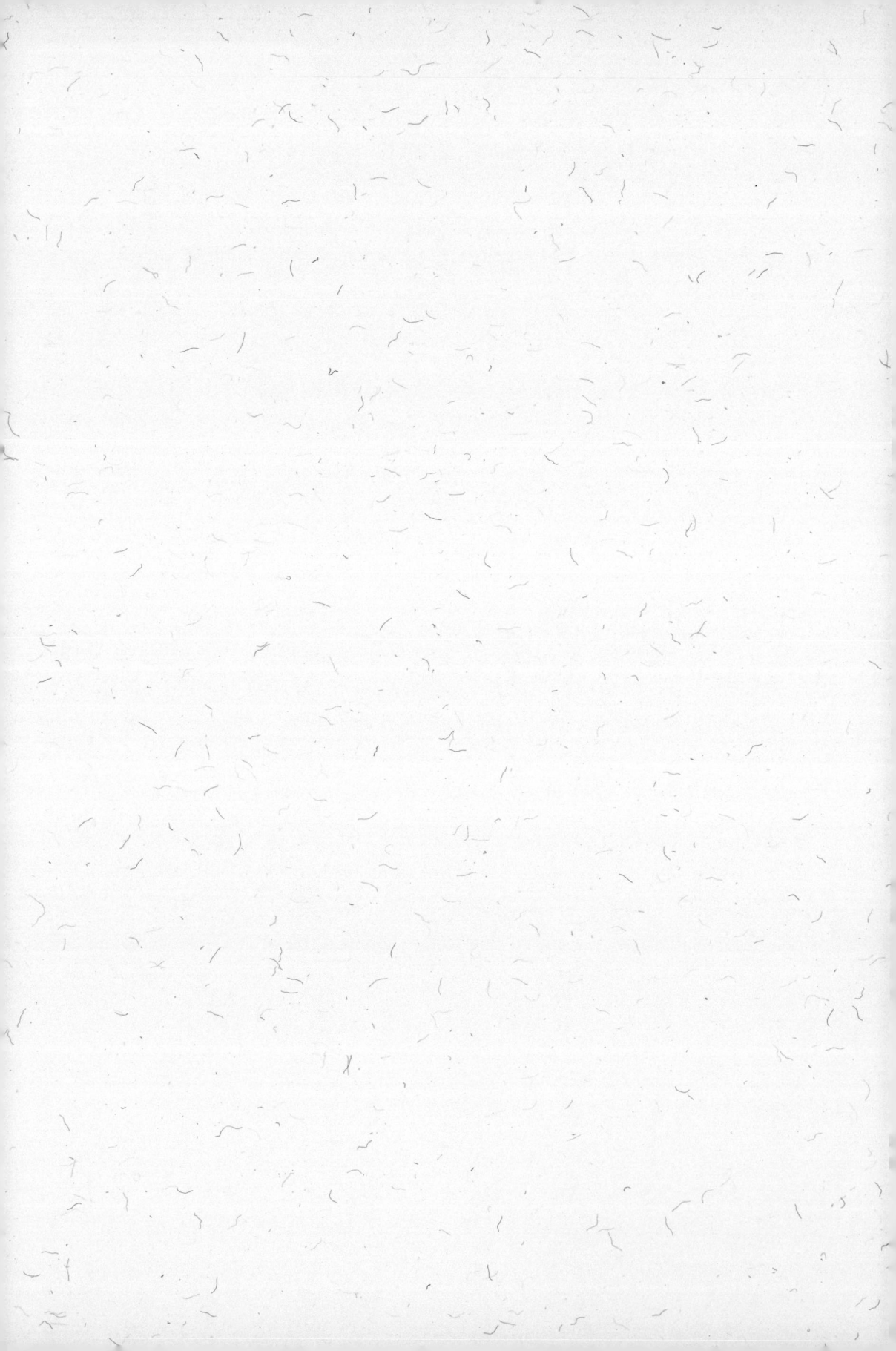

周文化传承丛书

诚 信 卷

总主编◎傅乃璋　　本卷主编◎马庆伟

岐山周文化研究会　编

中国文史出版社

图书在版编目（CIP）数据

周文化传承丛书．诚信卷／傅乃璋总主编；马庆伟主编；岐山周文化研究会编．—北京：中国文史出版社，2023.12

ISBN 978-7-5205-4369-9

Ⅰ.①周… Ⅱ.①傅… ②马… ③岐… Ⅲ.①周文化（考古学）–研究 ②社会公德教育–研究–中国–周代 Ⅳ.①K871.34 ②D648.3

中国国家版本馆CIP数据核字（2023）第232948号

责任编辑：王文运　赵姣娇

出版发行：中国文史出版社

社　　址：北京市海淀区西八里庄路69号　邮编：100142
电　　话：010-81136606　81136602　81136603（发行部）
传　　真：010-81136655
印　　装：陕西省岐山彩色印刷厂
经　　销：全国新华书店
开　　本：787mm×1092mm　1/16
总 印 张：109
总 字 数：1406千字
版　　次：2024年9月北京第1版
印　　次：2024年9月第1次印刷
总 定 价：360.00元（全八册）

序

宫长为

习近平总书记指出："中华优秀传统文化是中华文明的智慧结晶和精华所在，是中华民族的根和魂，是我们在世界文化激荡中站稳脚跟的根基。"传承中华优秀传统文化，弘扬中华民族精神，推动中华优秀传统文化创造性转化、创新性发展，是增强文化自觉、坚定文化自信、培育和践行社会主义核心价值观、建设社会主义文化强国的必然要求，也是历史和时代发展的必然要求。因此，我们要特别重视挖掘中华五千年文明中的精华，弘扬中华优秀传统文化，要从根脉抓起。周文化是儒家文化的源泉，是中华优秀传统文化的主要根脉。

李学勤先生指出："研究周文化，要把目光集中到作为周人发祥地的岐山周原。在整个西周三百年间，岐周一直保持着政治上中心之一的地位，而且从当今的工作来说，探求周文化一定离不开岐周。"这为我们研究周文化指明了方向。岐山是一块物华天宝、人杰地灵的宝地。3000多年前，居住在豳地的周部族首领古公亶父，因受到戎狄部落侵扰，便率部众离开故土，渡过漆水、沮水，翻越梁山，迁徙到岐下周原。在这块钟灵毓秀的土地上，他们修建都邑、建邦立国，拉开了翦商崛起的序幕。历经王季、文王、武王数代人的共同努力，周人励精图治、自强不息，终于推翻了殷商王朝，建立了西周王朝。后继之君成王、康王在周公旦、召公奭、太公望等重臣的辅佐下，开创了我国历史上第一个治世——成康之治。与此同时，周人也创造出博大精深、泽被千秋的周文化。以周公旦为代表的统治者，总结并吸取了夏商两代灭亡的教训，在治国理政的实践中提出了"以德配天""敬德保民""明德慎罚"等德政思想，尤其是他们所创立的礼乐制度对后世产生了深远的影响。周文化是中华优秀传统文化的基石，是中国古代文明发展的高峰。在历史长河中，伏羲、女娲、神农三皇时期，是中华文明的奠基阶段，黄帝、颛顼、帝喾、尧、舜五帝时期是中华文明的开创阶段，而在夏商周三代，中华文明进入了长足发展的阶段，周文化已经显示出人类文明达到了一个前所未有的新高度。岐山作为周原的核心区域之一，文化底蕴深厚，周文化遗存极为丰富，这为我们研究周文化提供了珍贵的资料。

2015年至今，中国先秦史学会周公思想文化研究会在岐山县举办了五届周文化暨周公思想文化研讨会，我因此与岐山结下了不解之缘，也结识了一些岐山朋友。令我印象深刻的是：岐山作为一个文化大县，当地政府非常重视文化建设工作，有一批情系乡梓、热爱地方优秀传统文化的有识之士，每次去岐山，都能在文化建设方面看到新成果。将传承弘扬周文化与培育和践行社会主义核心价值观及乡风文明建设相结合，是岐山县在新时代精神文明建设、公民道德建设和文化建设工作方面的一大创举。2015年10月，全国首届周文化暨周公思想文化研讨会在岐山召开，时任岐山县政协主席傅乃璋先生带领县政协一班人，组织岐山学人历时4年，编撰出版了一套八卷本的《周文化丛书》，为当时的研讨会献上了一份厚重的贺礼。《周文化丛书》是岐山县在文化建设工作方面取得的丰硕成果之一，也是中国周文化研究最重要的成果之一，为传承弘扬周文化、宣传岐山作出了重要贡献。陈宗兴、李学勤、孟建国三位先生为丛书作序，予以高度评价。

近年来，受疫情影响，我去岐山的机会少了，但一直关注着岐山周文化研究和文化建设等方面工作。傅乃璋先生乡梓情深，热衷于周文化传承弘扬工作，退休后当选为岐山周文化研究会会长，继续发挥余热。他带领岐山周文化研究会同仁，深入贯彻岐山县第十八次党代会精神，切实落实岐山县委、县政府"做活周文化"战略部署，历时3年，数易其稿，精心编撰出一套由《勤廉卷》《德行卷》《诚信卷》《家风卷》《教育卷》《孝道卷》《礼俗卷》《人物卷》共八卷组成的《周文化传承丛书》，基本上涵盖社会主义核心价值观与公民道德建设的方方面面，成就显著。这套丛书与2015年出版的《周文化丛书》交相辉映、相得益彰，互为姊妹篇章。这套丛书以传承周文化、弘扬中华传统美德、培育和践行社会主义核心价值观、助推乡风文明建设为宗旨，将周文化思想理念、历史典故、伦理道德、传统美德、礼仪民俗、家风家训、名言警句、岐山教育、岐山名人、现代岐山人先进事迹等融为一体，具有较强的思想性、理论性和可读性，是一套传承和弘扬周文化，培育和践行社会主义核心价值观，推进精神文明建设、公民道德建设和乡风文明建设的文化精品。对传承和弘扬地方优秀传统文化、推进岐山县高质量发展具有重要的借鉴价值和现实意义。

　　《周文化传承丛书》出版在即，傅乃璋先生邀我为丛书作序，盛情难却，写下以上文字为序，是否妥当？敬请广大读者指正。希望这套丛书能得到广大读者朋友们的欢迎，也期盼大家多提宝贵意见，共同将中华优秀传统文化发扬光大，为增强文化自觉、坚定文化自信，建设社会主义文化强国作出更大贡献。

　　　　　　　　　　　　　　　　　　2023年12月于北京

　　（宫长为：中国先秦史学会会长、中国社会科学院中国历史研究院古代史研究所研究员）

目　录

概　述

　　习近平总书记指出："深入挖掘和阐发中华优秀传统文化讲仁爱、重民本、守诚信、崇正义、尚和合、求大同的时代价值，使中华优秀传统文化成为涵养社会主义核心价值观的重要源泉。"这是对中华民族传统美德和民族精神的高度概括，集中体现了中华民族的传统核心价值观。为传承和弘扬中华优秀传统文化、培育和践行社会主义核心价值观指明了方向。

　　诚信既是中华优秀传统文化核心思想理念之一，又是社会主义核心价值观之一，也是周文化的基本思想理念之一。朴素的诚信观念最先产生于原始社会先民们狩猎、采集和分配食物等生产生活活动中，彼此之间的信任是他们战胜一切困难、走出蛮荒、奔向文明的重要原因。《尚书·虞书·尧典》中就讲到尧帝诚信恭谨，德被四方，福泽天下。在《尚书·商书·汤誓》中商汤告诫臣民："尔无不信，朕不食言。"《尚书·商书·仲虺之诰》中有："克宽克仁，彰信兆民。"可见早在3000多年前甚至更早的历史时期，诚信就成为一种治国理政的思想。孔子在《论语·为政》中讲："人而无信，不知其可也。"在所有道德规范之中，诚信是最普遍的社会道德规范，是一个人立身处世最基本的行为准则，是一个国家和民族生生不息的精神源泉。诚信包含了个人、家庭、社会、国家四个层面，就个人层面而言，诚信既是一种修身的目标，又是一种高尚的品德，要做到诚实守信、不自欺欺人；就家庭层面而言，诚信既是一种团结和谐的力量，又是一种家教家风，要做到互相信任、互爱互助；就社会层面而言，诚信既是一种人际交往的原则，又是一种社会道德规范，要做到以诚待人、守信践诺；就国家层面而言，诚信既是一种权威，又是一种信誉，要求取信于民、以信交往，维护国家威信和国际形象。因此，在今天，诚信仍然是修身之道、做人之本、处世之基、齐家之法、经商之魂、为政之要，这就要求我们做人要老实，说话要诚实，做事要诚信。

《新时代公民道德建设实施纲要》强调："要继承发扬中华民族重信守诺的传统美德，弘扬与社会主义市场经济相适应的诚信理念、诚信文化、契约精神，推动各行业各领域制定诚信公约，加快个人诚信、政务诚信、商务诚信、社会诚信和司法公信建设，构建覆盖全社会的征信体系，健全守信联合激励和失信联合惩戒机制，开展诚信缺失突出问题专项治理，提高全社会诚信水平。"诚信是中华传统美德之一，是社会主义核心价值观之一，体现了中华民族的思想道德、理想信念、政治理念、价值追求、人格修养和高尚情操，具有超越时空的时代价值。在社会主义市场经济日益发展的今天，弘扬诚信文化，传承中华传统美德，建设诚信社会、诚信政府、诚信企业、诚信家庭、人人诚信是培育和践行社会主义核心价值观的必然要求，也是新时代公民道德建设的根本所在。

膴膴周原，凤鸣岐山。岐山是周文化的发祥地，是中华文明的源头之一。3000多年前，周人首领古公亶父率族人迁于岐下周原，建邦立国，自强不息，周族由此兴起。在岐周大地上，周人以海纳百川的胸怀，在本族原有文化的基础上，积极汲取先进的殷商文化，创造出博大精深、影响深远的周文化。诚信是周文化的基本思想理念之一，周人将诚信运用于治国理政的实践中，在岐周大地上留下了古公笃信、民众归附、太（泰，下同）伯让贤、信守天下，文王用贤、信而不疑等千秋佳话，极大地丰富了诚信文化内涵。这是先辈留给我们宝贵的精神财富、优良传统和光辉荣耀。在诚信美德的熏陶下，一代又一代的岐周人民诚实守信、勤劳善良、忠厚朴实，用自己的言行赢得了口碑和声誉。传承精神财富、发扬优良传统、维护光辉荣耀、培育和践行社会主义核心价值观是我们义不容辞的责任。编撰《诚信卷》的目的和意义就在于此。

第一章 诚信文化

　　《礼记·儒行》云："儒有不宝金玉，而忠信以为宝。"诚信是中华民族最古老、最宝贵的美德之一，是一个人立身处世的前提，也是一个家庭、一个社会、一个民族和一个国家生存和发展的道德基础。诚信思想在历史发展、演进过程中，逐渐演变为诚信文化，成为中华优秀传统文化的重要组成部分。

　　在我国古代社会，历代先贤都非常重视诚信美德的传承与践行，大到治国理政，小到修身养性，甚至一个人的教育和成长，都离不开诚信。《列女传·母仪传·周室三母》中讲周文王的母亲太妊，在怀孕期间，"端一诚庄，惟德之行"，意思是为人正派专一，诚实庄重，注重德行，开我国胎教之先河。同时也说明了我国古代胎教非常重视诚信教育。大教育家孔子将诚信作为一个人"成人"的最重要的标准。《礼记·礼运》篇描绘了"天下为公""讲信修睦"的大同社会和以"仁义道德"为准则的小康社会，都体现了以诚信为根本的社会特征。北宋名臣司马光认为，"夫信者，人君之大宝也。国保于民，民保于信；非信无以使民，非民无以守国"，将诚信作为治国理政的根本思想。从诚信观念的产生到诚信思想体系的形成，在历史演变和社会实践中逐渐形成了诚信文化，并渗透到我国古代社会的方方面面。

在当今时代，诚信建设是国家治理体系和治理能力现代化的重要基石。从中华传统诚信文化中汲取智慧和力量，按照"创新性发展、创造性转化"的要求，构建新时代诚信文化是建设中华民族现代文明重要组成部分，也是时代性的课题。本章是对诚信文化初步探讨，分为周代诚信思想、诚信文化述论、典籍中的诚信、古代盟誓制度、诚信文化的价值五节内容，简要介绍了我国古代诚信文化。期望在简述我国古代诚信文化的同时，能够对构建新时代诚信文化有所启迪。

周代诚信思想

在几千年的历史长河中，中华民族自强不息、厚德载物，创造了灿烂辉煌的中华文化，形成了一套完整的道德规范体系，其中诚信就是最基本的道德规范之一。关于诚信思想观念，早在反映夏、商、周三代社会生活的《尚书》《诗经》《仪礼》等典籍中就已出现，周代是诚信思想发展的重要阶段。

王国维先生在《殷周制度论》中指出："中国政治与文化之变革，莫剧于殷、周之际。"殷周之际，是以神为本的神本位文化逐渐向以人为本的人本位文化过渡阶段。殷商文化是一种神本位文化，这一时期，鬼神思想和占卜之风盛行，其诚信思想多体现于祭祀活动中对鬼神的敬信，极具神秘色彩。《左传》云："国之大事，在祀与戎"，祭祀与战争是国家的头等大事，殷人非常重视祭祀活动，在祭祀过程中表现出对鬼神的虔诚与信奉。《礼记·表记》云："殷人尊神，率民以事神，先鬼而后礼。"《礼记·祭统》云："身致其诚信，诚信之谓尽，尽之谓敬，敬尽然后可以事神明。此祭之道也。"这说明殷人的诚信思想主要体现在祭祀活动中，是对待神明的虔诚和敬信，是一种狭义的诚信思想。

西周时期是诚信思想体系的萌芽阶段。商朝晚期，周太王古公亶父率族人迁于岐下周原，建邦立国，开始摒弃了殷商以神为本的诚信思想，逐渐将诚信思想作为治理国家和处理人际关系的准则。经过周太王、王季、周文王三代人的努力，到周武王时周人已经有了问鼎天下的实力。在牧野之战中，周武王率领军队大获全胜，推翻了商王朝的统治，建立了西周王朝，拉开了我国历史上奴隶社会黄金时代的序幕，这为中华传统思想文化的发展奠定了基础。《礼记·表记》云："周人尊礼尚施，事鬼敬神而远之，近人而忠焉"，周初统治者将目光从关注鬼神转移到关注人事上来，提出了"天命靡常""敬德保民""以德配天"等思想，尤其是周公制礼作乐之后，诚信思想的内涵不断丰富，成为治国理政和处理社会关系的基本准则。周礼进一步巩固了"尊尊亲亲"的社会等级制度，诚信思想在政治领域主要通过盟誓来体现，盟誓已成为周天子与诸侯之间维持信用、巩固政权、解决争端的一种政治制度。西周时期诚信思想主要体现于政治领域，不再是一种狭义的向神明表诚敬与信奉的思想。

东周时期（包括春秋战国两个阶段）是诚信思想体系的成型阶段，是我国历史上思想文化发展的第一个高峰时期，也是中华传统文化的奠基阶段。这是一个旧制度消亡、新制度建立的社会大变革时代，也是一个大师辈出、百家争鸣、思想文化活跃的黄金时代，诚信思想开始由神权领域向与封建伦理纲常相结合转变。这一时期，诚信思想在经济、政治、外交、军事、商业以及人际关系中的价值，更是得到了充分的挖掘和运用。儒、法、道、墨、兵、阴阳、名、纵横、杂家等诸多学派都认识到了诚信的社会价值和现实意义，对诚信问题进行深入地思考与探讨，逐步形成较为系统的诚信思想体系，诚信作为一种基本的道德规范得以确立。在诸家学派中，儒、法、道、墨四家对诚信思想的发展作出了重要贡献，尤其是儒家学派对诚信思想在治国理政和伦理道德方面进行的深入挖掘、系统阐发和大力宣扬，成效卓著，贡献最大。以孔子、孟子为代表的儒家学派主张"敬事而信"，将诚信列为"五德"（仁、义、礼、智、信）之一，认为诚信是人的本性使然，内修于己是修身立命的根本，将"信"由"五德"提升为"五伦"之一，将"朋友有信"作为伦理关系的基本准则之一。儒家学派还认为为政以信是取信于民的关键（民无信不立。《论语·颜渊》），主张将个人私德（言必信，行必果。《论语·子路》）与社会公德（选贤与能，讲信修睦。《礼记·礼运》）相结合，来维护社会秩序。尽管儒、法、道、墨四家对诚信思想的理解有所不同，但都深刻认识到诚信思想的现实价值，高度重视诚信思想的社会功用，由此确立了以儒家诚信思想为主、其他各家为辅的传统诚信思想体系，构成了我国古代社会诚信文化的基本脉络和风格。

诚信思想在周代运用范围十分广泛，已经渗透到社会的各个领域。《逸周书·常训》提出了"九德"（忠、信、敬、刚、柔、和、固、贞、顺），《逸周书·文政》提出了"九行"（一仁、二行、三让、四信、五固、六治、七义、八意、九勇），周人的"九德""九行"中都有"信"，这说明诚信已经成为当时重要的社会道德规范之一。周穆王时期，诚信思想已经运用于司法领域，当时由吕侯制定的《吕刑》是我国现存最早的记载探讨法律与诚信思想关系的重要文献之一，《吕刑》提出严格司法程序，严惩违法狱官等法律思想，这是诚信思想在司法方面的体现。《尚书·周书》中的一些篇章提出设立纳言之官，选拔正直之士任职，严惩腐败官员，取信于民等措施，这体现了西周统治者对诚信品德的重视，以及对诚信思想现实价值的深刻认识。《周易》中就有推崇诚信思想的篇章，《周易》推天道以明人事，其诚信思想正是遵循这一逻辑展开的。《中孚》卦全面论证诚信思想的价值，并指出诚信是决定人事吉凶成败之重要因素，统治者治理天下，只有以诚信赢得民心，德化四方，才会出现万邦来朝、天下归心的局面。西周"成康之治"盛世的出现，就与以周成王、周康王为首的统治者集团为政以信、取信于民的政策有关。诚信思想在《诗经》中也有所体现。《诗经》是我国第一部诗歌总集，它既是一部文学名著，又具有较高的史学价值。《诗经》运用文学艺术的手段，透视出西周至春秋的诚信民俗与诚信观念。例如：在军事行动前有"死生契阔，与子成说。执子之手，与子偕老（《诗经·邶风·击鼓》）"，反映了战士之间肝胆相照、生死与共的袍泽深情；两姓通婚有"毂则异室，死则同穴（《诗经·国风·王风》）"，反映了情比金坚、生死相许的爱情誓言；男女定情有"彼留之子，贻我佩玖（《诗经·国风·王风》）"，反映了男女之间，以玉佩为信，忠贞不渝的爱情。总之，诚信作为一种思想观念和道德规范，在周代已逐渐渗透到社会的方方面面。

综上所述，周代是诚信思想发展的重要阶段，这一时期，基本上确立了中华传统诚信思想文化的内涵和规范，将诚信纳入治国理政和社会道德范畴之中，由此奠定了中华诚信思想文化的基本路向和坚实基础。

诚信文化论述

中华文化博大精深、源远流长。习近平总书记指出："中华文明探源工程等重大工程的研究成果，实证了我国百万年的人类史、一万年的文化史、五千多年的文明史。"在我国五千年的文明史中，中华民族创造了灿烂辉煌的文化，形成了一整套独特的价值观念和伦理道德体系。其中，诚信就是中华优秀传统文化的核心价值观念之一，是一个人"立身行己，应事接物"的根本原则，历来被视为最基本的道德规范。

在我国古代社会，诚信既是修身立德、为人处世、待人接物的道德准则，又是人们判断是非善恶的基本标准。简单地讲，诚实就是忠诚正直，言行一致、表里如一；守信就是遵守承诺、不虚伪欺诈，不自欺欺人。从中华传统文化发展演变的历史视角来看，诚信不仅仅是一种思想或者美德，它更是一种文化，因此就有了中华传统诚信文化的说法。

最早"诚"与"信"是分开的，并不是一个词组。"诚"，《说文解字》释为"信也"，《尔雅》也释为"信也"，《广雅》释为"敬也"，《说苑》释为"一也"，《增韵》释为"纯也、无伪也、真实也"，总体上，"诚"的意思就是真诚、纯正、虔诚、不欺骗。"信"，《说文解字》释为"信，诚也，从人，从言"，意思是人所讲的话要兑现，要讲信用。《白虎通义》释为"信者，诚也。专一不移也。"尽管诚与信是分开的，但意思相同，如《尔雅》有："允，信也；允，诚也。"在这里"诚"与"信"意思互通。《说文解字》对"诚"和"信"的解释，属于同义互训，意思是一致的。

"诚信"这一词组出现得比较早，如《逸周书》云："乡党之间，观其信诚。"这里的"信诚"与诚信是相同的意思，《管子·枢言》云："诚信者，天下之结也。"《礼记·祭统》云："是故贤者之祭也，致其诚信，与其忠敬。"可以确定地讲，"诚信"这一词组的出现不晚于春秋时期。作为一种道德思想，诚信将修身做人与治国理政统一起来，要求"内诚于心、外信于人"，诚发自内心，信付诸行动，其基本含义是以诚待人、讲信修睦、诚实无欺、信守诺言、言行一致、表里如一等。在我国古代，随着历史的发展，诚信的含义不断扩展延伸，如忠君爱国、维护正义、知恩图报、忠于职守、清正廉洁、买卖公平、童叟无欺、爱岗敬业、诚心改过等等，大到国家安危，小到修身立德，都属于诚信的范畴。从文化理论角度来讲，一种文化基本上有三个层面：物质层面、制度层面和精神层面。诚信文化也是如此，它涉及经济、政治、军事、伦理道德、社会民俗等各个方面。

第一个是物质层面。这个层面，最能够体现诚信文化现象的主要是实物，称之为信物。

在政治领域，最主要的信物就是印信。传说中的九鼎是天下至高权力的象征，为夏、商、周三代传国之宝，这实际上也属于一种信物，是一个王朝天命所归的凭证。周代礼节中，以玉器作为信物，形成了用于朝聘、安邦国的璧、琮、圭、璋、琥、璜"六瑞"。秦王朝建立，秦始皇下令将和氏璧制成传国玉玺，从此以后，玉玺就是皇帝的印信，是代表皇帝身份和国家最高权力的重要信物。皇帝要下诏书，盖上玉玺才具有法律效力，才能让官员百姓信服。尚方宝剑也是一种能够代表皇帝身份和权力的重要政治信物，在古代公案小说中多次出现。古代新官上任前，先授予印信，然后携带印信赴任交割，官印是新上任官员的信物。同样，官府之间的公文往来，以及发布的公告，都要盖上印信，以作凭证。这一文化现象一直传承到今天。此外，还有能够证明公职人员身份的信物，比如腰牌就是古代官员日常所佩的身份符信，相当于今天的通行证。代表使者身份的佩剑、旌节等也是一种政治信物，如春秋时期吴国季札出使诸侯国，身带佩剑，徐君喜欢，也不能赠送，那是使者身份的凭证。苏武出使匈奴，被扣押19年，回到汉朝时仍然带着旌节。类似的政治信物还有很多。

在军事领域，最主要的信物就是兵符。兵符是古代调兵遣将的重要凭证，一般用铜、玉、黄金等材料制成，形状为虎形的称为虎符，分为两半，一半在国君手中，另一半交给将帅，合并在一起，才能调兵遣将。虎符最早出现在春秋时期，盛行于战国和两汉时期，著名的历史典故有信陵君虎符救赵。此外，军旗和兵器也是一种军事信物。在商朝末期，周文王被囚禁羑里，周国贿赂纣王及左右大臣，纣王释放周文王时，赐他白旄、黄钺，并授予征伐诸侯的权力。白旄是一种军旗，黄钺是古代帝王专用的黄金装饰的战斧，往往特赐给专主征伐的重臣。牧野之战前，誓师时，武王左手拿着黄钺，右手持着白旄，黄钺和白旄属于军事信物。

在经济领域，信物的类别比较多。国家制造的标准的度量衡工具就是一种信物，代表国家的信誉和权威。如商鞅变法，统一度量衡，商鞅监造的方升称为商鞅铜方升，是我国现存最早的量器，也是经济领域的信物。古代当铺的当票，钱庄的庄票、银票，商业活动中的定钱、抵押物等都属于一种信物。还有以商品质量而著称、经过时间考验形成口碑和信誉的老字号，如王麻子、张小泉剪刀，天津狗不理包子，北京同仁堂，杭州胡庆余堂等，这些都属于诚信文化在物质与非物质方面的体现。

在社会民俗领域，信物的类别更是复杂。私人印信、书信，以及表明身份的物件如玉佩、佩剑等；订婚的服饰、首饰、彩礼等；男女定情信物如玉佩、发簪、手镯、戒指、耳环、香囊等。

第二个是制度层面。这个层面，主要体现在国家的政治和军事方面，具有巩固统治政权、维护社会稳定的重要作用。

《左传·成公十三年》云："国之大事，在祀与戎。"在我国古代社会，祭祀和战争是国家的头等大事。古代祭祀制度就属于一种诚信文化现象。上古时期，人们敬畏自然，希望通过占卜、祭祀鬼神的方式得到庇佑，以敬神为信。人们祭祀的对象有天地、山川、神明、祖先等，祭祀规格、祭品、时间、礼仪等都有严格的规定，并形成一整套制度。《左传·庄公十年》记载了齐鲁长勺之战，鲁庄公对曹刿说："牺牲玉帛，弗敢加也，必以信。"强调了祭祀要对神明、祖先守诚信。《孙子兵法》将才智、诚信、仁爱、勇敢、威严列为将帅所必须具备的五种品德，诚信位列第二。在古代军事制度建设方面，尤其是制定军法要体现诚信原则，赏罚分明，就是要让全体将士信服。古代的盟誓制度也是一种诚信文化现象，本章第四节《古代盟誓制度》中将进行详述，在这里不再赘言。

春秋以来，国家的律令法规是诚信文化在制度方面的一种体现。法家学派在诚信文化方面的主要贡献是提出了以"律令"为核心的诚信思想，即将赏罚和诚信结合起来，制定赏罚制度，通过赏罚的方式来维护律令的公信力和权威性，这成为后世修订律令法规的指导思想。古代政治家在治理国家和修订律令法规的过程中，十分重视赏罚制度的重要作用，都制定相关赏罚分明的律令条文，以维护国家和律令的公信力和权威性。历代王朝制定制度，以政府名义对诚实守信的人予以褒奖，对不守信用的人予以惩罚，从而引导社会风气。除此之外，正史记载诚信人物的事迹，尤其是明清时期地方修志盛行，官府将诚信人物事迹纳入修志之中，以示褒奖。这些制度对民间建立诚信道德规范起到了重要作用。

西汉以来，国家的伦理纲常是诚信文化在制度方面的另一种体现。儒家学派十分重视诚信，提出了以"仁德"为核心的诚信思想。孔子从不同角度阐述了诚信思想的丰富内涵和重要价值，并将信列入"五德"之中，认为诚实守信是仁德的体现。子思、孟子、荀子在此基础之上，有了新的阐发，尤其是孟子提出了"父子有亲，君臣有义，夫妇有别，长幼有序，朋友有信"（《孟子·滕文公上》）"五伦"思想，并将诚信纳入"五伦"之中。汉武帝接受董仲舒"罢黜百家，独尊儒术"的建议，从而奠定了儒家成为正统思想的地位。诚信被列为"三纲五常"中的"五常"之一，成为国家社会道德伦理的纲常规范。历代王朝的统治者们，高度重视伦理纲常，尤其是在明清两朝，形同于国家法律。

第三个是精神层面。这个层面，主要体现在个人修养、社会习俗和民族品质方面。

自汉武帝"罢黜百家，独尊儒术"以来，儒家思想逐渐成为中华传统文化的核心思想，深深地影响着中国人的道德观念、生活习俗和精神信仰，对中华民族民族品质的形成产生了深远的影响。《论语》提出"人而无信，不知其可也""民无信不立""与朋友交，言而有信"等思想，儒家学派视诚信为进德修业和治国理政之本，进而提出"讲信修睦""修齐治平"等思想，尤其是格物、致知、正心、诚意的修身方法，对后世产生了极大的影响。宋明理学产生后，逐渐成为社会主流思想，尤其是明清时期，诚信不仅仅是个人品德，更是一种人人必须具备的道德修养，统治者要求人人都要忠君爱国。阳明先生王守仁认为人人都可以成为圣人，主张修身要从诚出发，从而激发人的善念和良知。近代民主革命时期，诚信文化在精神层面的体现就是忠诚于革命事业、忠诚于领导革命的党组织。诚信成为一种由内而外，由个人到社会、国家和民族的精神信仰和道德规范，由此塑造了中华民族讲诚信、重然诺、守合约的民族品性，成为民族精神之魂。诚信思想融入社会习俗之中，成为一种精神层面的信仰，尤其表现在宗教和民俗方面，如祭祀祈祷、许愿还愿、民俗节庆、赎身还愿、婚丧嫁娶、求签问卦等等，无不体现了诚信文化在精神层面的反映。

今天，诚信文化内涵日益深化、展现形式日益丰富。作为一名中国人最大的诚信就是对国家和民族的忠诚，作为一名共产党员还必须对党、对理想、对信仰忠诚，这是新时代诚信文化本质的要求。山东师范大学教授王志民先生在《诚信同构德法共治》一文中指出："在新形势下建设诚信社会、诚信政府、诚信企业、诚信家庭，人人诚信，这是实现中华民族伟大复兴的根本所在。"当前，传承和弘扬中华诚信文化，要以习近平新时代中国特色社会主义思想为指导，按照"古为今用、取其精华、弃其糟粕、发展创新"的原则，以培育和践行社会主义核心价值观，按照"创造性转化、创新性发展"的时代要求，以打造诚信社会为目标，构建新时代诚信文化体系，助力于实现中华民族伟大复兴的中国梦。

典籍中的诚信

中华民族自古以来就以讲诚信、重然诺、守合约而闻名于世，先哲们在思考和实践中，逐渐形成了诚信文化，并留下了浩如烟海的典籍。在这诸多典籍中，记载着许多关于诚信的典故、故事、名言警句，以及名篇佳作，这些宝贵的精神财富培育了中华民族的优秀品格，涵养了中华民族的传统美德和价值观念。在诸多典籍中，关于诚信思想的解读和表述都是零散的，并没有形成一个完整的思想体系，但这些典故、故事和名言警句却体现了中华民族修身之道、做人准则和处世理念。

我国典籍中的诚信大致可以分为四类：第一类是名言警句。这些名言警句都是零散的，但又可以分为修身、做人、齐家、处世、从业、为政等若干类型，富有哲理，具有教育和警世价值。第二类是历史典故。这些典故，有的是历史事实，有的是民间传说，有的是教化演绎，都具有一定的启迪和教育意义。第三类是理论篇章。这些篇章比较少，或是一段，或是一篇，大都从理论上阐述诚信思想理念。第四类是文化习俗。典籍中的这些记载体现了诚信文化现象，像一些民俗等，可以说是一种诚信文化现象。这四种类型基本上概括了典籍中的诚信文化元素。

关于诚信的名言警句在典籍中最多。早在先秦时期，诚信就为不同学派所重视。据相关学者统计，"信"在《论语》中出现了38次，在《左传》中出现了216次，在《韩非子》中出现了149次。在这三种典籍中，关于诚信的名言警句颇多。此外，《周易》《道德经》《墨子》《孙子兵法》《孟子》《庄子》《荀子》《管子》《吕氏春秋》《商君书》《孙膑兵法》等先秦典籍中，都有大量关于诚信的名言警句，这些奠定了诚信文化的思想理论基础。后世学者在此基础上有更多发展和阐述。《礼记》《中庸》《大学》《春秋繁露》《傅子》《刘子新论》《贞观政要》《臣轨》《二程集》《省心录》《正蒙》《四书章句集注》《朱子语类》《三字经》《弟子规》《菜根谭》《曾国藩家书》等典籍中都有关于诚信的名言警句。此外一些诗句中也有关于诚信的名句。这些名言警句，千古流传，许多耳熟能详、寓意深刻、短小精悍，教育意义极大。

关于诚信的历史典故在典籍中也比较多。这些历史典故大多记载在史书之中，也有一些记载在野史或其他典籍中。先秦时期的历史典故，大多数记载在《尚书》《春秋》《左传》《战国策》等史书中，还有一些记载在《庄子》《韩非子》等典籍中。先秦以后，关于诚信的典故大多记载在正史与方志之中，尤其是以《史记》为首的二十四史，以及《资治通鉴》等囊括了大量关于诚信的典故。比如《左传》中的"退避三舍""食言而肥""及瓜而代"等，《史记》中的"立木为信""约法三章""一诺千金"等。这些关于诚信的历史典故蕴含着丰富的人生哲理，是诚信思想在现实社会中的实践，都具有很好的启发和教育意义。

关于诚信的理论性的论述篇章在典籍中数量比较少。在先秦时期，《论语·颜渊》篇第七章，孔子与子贡的一段对话，从理论上体现了孔子以信治国、取信于民的政治主张；《荀子·不苟》篇，从理论上阐述了以诚修身的主张；《吕氏春秋》中有一篇《贵信》，就是从理论上专门论述诚信的文章。先秦以后，从理论上论述诚信的文章也有一些，如西晋思想家傅玄，在《傅子·义信》中论述了诚信治国的重要性，以及诚信对人伦关系的重要意义；北齐思想家刘昼在《刘子新论·履信》中论述了诚信对个人修身处世的重要作用；唐代政治家武则天的《臣轨·诚信》，史学家吴兢的《贞观政要·诚信》等篇章，专门从理论上论述君臣互信、诚信治理国家的重要性；北宋思想家周敦颐，在《通书》有专门篇章，从理论上论述以诚修身的方法和道理。总之，这些理论性的篇章，奠定了我国诚信文化的基石，是指导古人修身、做人、齐家、处世、从业、为政、治国的重要思想。

诚信文化习俗属于诚信文化的一种现象，不仅在典籍中有，而且在现代社会亦有遗存。古人非常敬畏上天，为了互相取得信任，采取盟誓的方式，请求上天作见证。在春秋战国时期，诸侯国之间会盟，通过一定的仪式形成双方都必须信守的约定。还有异姓结拜为兄弟，向天起誓。在周礼中，两家结亲，纳采、问名、纳吉、纳征、请期、亲迎六礼也体现了一种诚信。记载这些内容的典籍有《周礼》《左传》等，当然还有后世一些反映诚信文化民俗的典籍。

古代的典籍是传承中华优秀传统文化的主要载体，也是研究中华传统文化的前提和基础。名言警句、历史典故、理论篇章、文化习俗这四个方面共同构成了我国古代诚信文化体系。党的二十大报告指出："坚持为人民服务、为社会主义服务，坚持百花齐放、百家争鸣，坚持创造性转化、创新性发展，以社会主义核心价值观为引领，发展社会主义先进文化，弘扬革命文化，传承中华优秀传统文化，满足人民日益增长的精神文化需求。"在今天，我们弘扬诚信文化，传承中华传统美德，要深入贯彻党的二十大精神，必须发挥好古代典籍的重要作用，按照"古为今用、取其精华、弃其糟粕、传承发展"的原则，学习好、挖掘好、使用好古代典籍，这样才能把诚信文化和中华传统美德传承好、弘扬好、践行好。

古代盟誓制度

自古以来，守信义、践承诺是中华民族的传统美德，历代先贤十分重视信义，诚信成为最重要的道德规范之一。在历史发展中，诚信逐渐由一种思想道德观念演变成为一种文化现象。我国古代的盟誓制度就是一种诚信文化现象，通过盟誓的形式，来约束参与盟誓的人遵守誓言，履行承诺。

盟誓制度是历史发展到一定阶段的产物，是人们互相取得信任的一种方式。盟誓制度起源于原始社会晚期，一些学者认为是从原始的诅誓咒语中分化出来的，明显带有原始宗教的神秘色彩。在原始社会，受人们认识水平的限制，万物有灵的观念十分盛行，出现自然崇拜、图腾崇拜和祖先崇拜等原始宗教崇拜现象。在原始社会的日常生活中，氏族与氏族之间、部落与部落之间达成约定，为了彼此取信，就采取盟誓的方式。这是因为盟誓通过规范仪式，让神明见证监督，违背誓言就会受到神明的惩罚，即凭借神明的威慑力来维持，这样盟誓双方即便互不相信，但都相信神明见证后的誓言，惧怕神明的惩罚，这样彼此之间的信任就会建立起来。在文字没有出现前，盟誓主要是面对着神明，用口头语言起誓。文字出现后，誓言要记录下来，作为凭证。

　　盟誓的言辞也称盟书,《左传》中称之为"载书",是会盟时所订的誓约文件。载书一般一书三份,一份埋藏在神明面前作为见证,其余两份,盟誓双方各持一份,藏在祖庙,作为凭证。盟誓的核心内容之一就是如何处置不讲信用、不守誓言的人,这部分内容主要是由神明作见证,并监督执行惩罚,对不遵守盟约的一方降下灾难。《礼记·曲礼》中讲:"约信曰誓,莅牲曰盟。"这说明在周代时,盟与誓是有区别的,盟主要发生在两个或两个以上的诸侯国之间,也有天子与诸侯之间,通过歃血等仪式来完成,还要隆重祭祀神明,以作见证,如周武王召集诸侯在孟津会盟,周成王召集诸侯在岐阳会盟,齐桓公召集诸侯在葵丘会盟等。誓常见于军队主帅誓师、祭祀、诉讼等活动中,如商汤讨伐夏桀前作《汤誓》,武王讨伐商纣前作《泰誓》,牧野之战前作《牧誓》等。

　　春秋时期的盟誓礼仪十分隆重,一般在用土堆筑的高台上举行,程序包括十项,比如歃血为盟时要割掉牛耳歃血,由主盟国代表端着盛放牛耳的玉盘等,后来"执牛耳"成为某人在某一方面最有权威地位的代名词。然后要用牲畜的血写下盟书,并当众宣读,诏告神明。再按照尊卑顺序将血涂在参加盟誓人的脸上,还要将血滴在酒中轮流喝下去。最后将一份盟书埋在土台下的坑中,以示让神明见证,盟誓各方代表还要拿一份盟书,回去后放在祖庙或专门掌管盟书的官府机构。现存著名的盟誓遗址有山西省侯马市侯马盟誓遗址,主要文物是玉片盟书,称为侯马盟书;河南省温县盟誓遗址,主要文物是石片或石圭盟书,称为温县盟书。这两处遗址都是春秋时期的。

　　盟誓制度盛行于周王朝,尤其是春秋战国时期,诸侯国之间为了自己的政治、军事、经济利益,通过盟誓结成政治军事联盟,客观上对维护当时社会稳定起到一定积极作用。西周王朝建立后,为了维护周天子的地位、巩固政权、开疆拓土,周王朝实行分封制,形成诸侯拱卫王室的权力格局。周天子为协调王室与诸侯、诸侯与诸侯之间的关系,达成协议后，采取盟誓方式以增强彼此之间的信任，以便维护彼此稳定的关系。春秋时期，诸侯争霸，大诸侯国通过会盟来确定自己的霸主地位；而一些小诸侯国为了维护自己的利益、对抗大诸侯国，通过盟誓结盟，抱团取暖。在战国时期，兼并战争兴起，尤其是战国后期，诸侯国之间的合纵连横，也要靠盟誓来完成。

先秦以后，盟誓主要分个体和集体两种类型，又分为个人、社会、国家三个层面。个人层面：比如在民间，为了取得别人信任或者自证清白，往往会赌咒发誓；还有异姓结为兄弟会歃血为盟，其中流传最广的是东汉末刘备、关羽、张飞桃园三结义；还有男女之间因爱情而山盟海誓，其中最著名的是汉乐府民歌《上邪》，全诗为："上邪！我欲与君相知，长命无绝衰。山无棱，江水为竭，冬雷震震，夏雨雪，天地合，乃敢与君绝！"这是一首表达对爱情的忠贞不渝的自誓词，相传为西汉初长沙王吴芮妻子毛苹所作，诗中表达了对吴芮生死不渝的爱情。社会层面：比如在民间，同一行业之间为了加强团结、增强力量，联合起来组建组织时，在祖师爷前歃血为盟，尤其是古代的商帮等组织；清朝时期，民间帮会组织，为团结和加强反清复明力量，也会在祖师爷前歃血为盟，如青帮、洪门、哥老会等。国家层面：中原王朝为了与周边少数民族建立的政权稳定关系，举行盟约，比如唐朝与吐蕃的会盟，唐蕃会盟碑是汉藏两族人民团结友好的历史见证；还有北宋时期宋与辽之间的"澶渊之盟"，对宋朝而言虽然不公平，但维护了两个政权边境长期的安定。古代个体间的盟誓是社会基层劳动人民为了生存或者维护自己的利益，互相之间取得信任，达到团结目的的一种有效方式。古代集体间的盟誓往往带有政治性质，能够增强国家之间的信任，大多起到了维护社会稳定的作用，对国家和人民是有益的，也有一些对社会稳定起到了破坏作用。

总之，我国古代盟誓制度是一种诚信文化现象，是社会发展到一定阶段的产物，具有契约的作用和效力。它在我国历史上产生了深远的影响，对个人之间、民族之间、国家之间增进信任、维护稳定关系曾起到了积极作用。

诚信文化的价值

中华民族自古以来就以讲诚信、守承诺、重信义而著称于世，在几千年的历史进程中，形成了"内诚于心、外信于行""以诚为本、以信为先、以和为贵""讲信修睦"等思想理念，并且融入经济、政治、文化、道德、艺术和社会生活的方方面面，逐渐演变为诚信文化。在古代社会，诚信文化贯穿于个体、社会、国家三个层面之中，为修身做人、教化民风、治国安邦等方面提供了经世致用的实践方法，发挥着不可估量的作用，成为个人安身立命的根本、社会发展进步的基石、国家友好交往的前提。

诚信作为我国古代社会的核心价值观之一，在中华传统文化中占有十分重要的地位。早在三千多年前的商周时期，先贤们就已经深刻认识到诚信的价值，诚信成为当时社会公认的为人、处世、治国的重要原则之一。最初"诚"与"信"是两个词汇，最早见于《尚书》，《尚书·商书·太甲下》云："鬼神无常享，享于克诚"，这里的"诚"是指在祭祀活动中对鬼神的虔诚，但已经有了诚实不欺的意思，"诚"的基本内涵可以概括为：不自欺，表里如一。《尚书·商书·汤誓》云："尔无不信，朕不食言"，这里的"信"已经有了信守承诺的意思。"信"的基本内涵可以概括为：不欺人，言行一致。"诚信"一词最早出现于春秋时期，《管子·枢言》云："诚信者，天下之结也"，即将诚信视作维系天下伦理秩序的关键，这里的"诚信"已经有了真诚实在、守信践诺的道德内涵。诚信文化的基本内涵有三：一是守信，即重然诺、讲信用、守约定；二是耿直，即不欺人、不欺己、不欺心；三是重义，即遵守约定要符合道义。诚信文化在不同关系中，基本要求也有所不同，在人与自身关系中，要做到不欺心、不自欺、不虚妄；在人际关系中，要做到以诚相待、以信相交；在人与自然关系中，要做到尊重自然规律，不肆意妄为。自先秦以来，经历代思想家、政治家和各行各业精英们的探讨和实践，逐渐形成了博大精深、内涵丰富、影响深远的诚信思想文化体系，维系着古代社会伦理秩序，在社会生活中发挥着不可替代的作用。在古代社会，诚信被视为做人之本、处世之道、立国之基，其价值体现在个体、社会、国家三个层面。

在个体层面，诚信是一种美德，是古人修身做人的基本道德。中华传统文化历来注重个体道德修养，追求君子型人格。《礼记·中庸》云："诚者，天之道也；诚之者，人之道也"，将诚信视作自然法则、人伦之理和个人立身行道必须坚守的道德底线。古人认为"信"是"言之端""善之主""德之厚"，诚信是良知真心、赤子之心、天地良心，是修身养性的前提和基础。儒家所推崇的"修齐治平"思想，其中就蕴含着以诚修身、以信做人的道理。先贤通过诚信教育来提升道德修养，实现以诚修身、以信做人的目标。相传，周文王的母亲太妊为人正派、诚实庄重，在怀孕期间"端一诚庄""感于善则善，感于恶则恶"，在胎教中就十分注重诚信教育。大教育家孔子以"文、行、忠、信"教育学生，将诚实守信视为是否"成人"的重要标准。诚信文化在个体方面最大的价值是，它通过对个体的影响，从而塑造了中华民族的民族品格和中国人做人做事的方式。

在社会层面，诚信是一种责任，是古人处世立业的基本准则。在我国古代社会，诚信是一种通行的社会准则，小到人际交往，大到社会运行，都离不开诚信。儒家认为"信"是待人接物之道，"与国人交，止于信"（《礼记·大学》），"与朋友交，言而有信"（《论语·学而》），还将"讲信修睦"作为大同社会的主要特征之一。孟子进一步明确了处理五种社会伦理关系的行为准则，即"父子有亲，君臣有义，夫妇有别，长幼有序，朋友有信"（《孟子·滕文公上》），其中，将诚信作为人际交往的道德准则。荀子进一步将孟子提出"朋友有信"的道德准则扩展为商贾、百工、农夫等各行各业的道德准则，从而夯实了诚信的社会人伦道德属性。随着社会的发展，诚信作为一种道德准则，延伸到家庭、宗族、邻里、社区乃至民族、国家之间，成为全社会普遍适用的基本行为规范和道德准则。在错综复杂的社会关系中，诚信既是各行各业最基本职业的道德准则，又是不同社会个体、团体之间建立起相互信任、密切联系与普遍认同的共同价值，这也反映了古往今来人们对和谐的人际关系与社会秩序的认知与期待。诚信文化在社会层面的最大价值是，它是古代社会的基本准则，是维护社会稳定的基础，是促进社会和谐的保障。

在国家层面，诚信是一种境界，是古人治国安邦的基本原则。思想家、政治家们总结我国历史上"治乱"经验教训，得出"得民心者得天下，失民心者失天下"的精辟结论。《左传·僖公二十五年》云："信，国之宝也，民之所庇也。"得民心的关键在于统治者要做到为政以信、取信于民，将诚信作为治国安邦的基本原则。早在五帝、夏商周时期，诚信就逐渐成为统治者治国安邦的基本原则。《尚书·虞书·尧典》中讲，尧帝"允恭克让，光被四表，格于上下"，赞扬尧帝施政诚信恭谨，能够推贤让能。《荀子·强国》中讲，"古者禹、汤本义务信而天下治，桀、纣弃义背信而天下乱"，即夏禹、商汤以诚信为本，使得天下大治；夏桀、商纣背信弃义，国亡身死，导致天下大乱。《尚书·周书·康王之诰》中赞扬周文王、周武王"信用昭明于天下"，他们取信于民，赢得天下归心，从而奠定周王朝八百年江山，成为治国安邦的楷模。孔子将"信"列为五种美政（恭、宽、信、敏、惠）之一。从历史经验来看，在我国古代社会，只要统治者诚信施政，就能够加强君臣、君民、官民、民族、国家之间的互信，促进内部和谐团结、政局稳定、政令通畅，从而实现政通人和、百业兴旺、天下大治的目标。诚信文化在国家层面的最大价值是，它是治国安邦的基本原则，是整个国家政治生活正常运转的基石和保障。

党的二十大报告中指出，要"弘扬诚信文化，健全诚信建设长效机制"，这是提高全社会文明程度，实施公民道德建设工程的重要举措。按照"创造性转化、创新性发展"的新时代要求，从传统诚信文化中汲取营养和智慧，建设新时代诚信文化，构建新时代具有中国特色的诚信建设制度保障体系是新时代的重大课题之一。加强对传统诚信文化的深入研究，深度挖掘传统诚信文化的价值，对推进社会主义精神文明建设与公民道德建设、培育和践行社会主义核心价值观、构建社会主义市场经济道德体系、推进中国式现代化、建设中华民族现代文明等工作都具有重要的借鉴价值和现实意义。

第二章 诚信典故

　　中华民族素以重然诺、讲信用、守合约而著称于世，诚实守信是中华民族传统美德中的核心品德之一。在几千年的历史长河中，诚信始终是中华民族最基本的信条和做人准则，在规范个人言行、促进家庭和谐、维系社会稳定、维护国家声誉方面发挥了重要作用。

　　古人云："天下至德，莫大于忠；人无忠信，不可立于世。"古人将忠和信连在一起解读，这属于广义诚信范畴，例如忠诚于自己的国家和民族，则是最大的诚信。早在先秦时期，先哲们就对诚信有精辟的解读，尤其是儒家提出"三纲领八条目"中的"诚意"，就是早期对诚信的一种解读。这一时期，诚信作为一种思想理念和道德规范，已经渗透在个人生活、社会活动和国家政治等方方面面，成为修身、做人、齐家、处世、立业、为政的基本准则和道德规范。

诚信是周文化的核心思想之一，是周人在修身养德、建国兴邦、治国理政过程中的智慧结晶。周文化典籍中对诚信的解读，比比皆是，如《尚书·汤誓》云："尔无不信，朕不食言。"《周易·乾卦》云："君子进德修业。忠信所以进德也；修辞立其诚，所以居业也。"《诗经·卫风》云："信誓旦旦，不思其反。"这些解读对诚信思想的丰富，以及中华诚信文化的形成，起到了极为重要的作用。尤其是以孔子、孟子为代表的儒家学派对诚信思想的发展作出了巨大贡献。

周文化典故是周人对诚信美德传承、践行和发展的载体，也是他们为后世留下的精神财富，树立的道德标杆。本章分为爱国之基、做人之本、齐家之法、处世之道、从业之魂、为政之要六节，在周文化典故选取方面，就时间跨度而言，从先周至春秋末期。每节由引言和三个典故组成，每个典故后，都有解读或点评。

爱国之基

"天下兴亡，匹夫有责"，爱国是中华民族最重要、最持久的传统美德，它既是每一位中华儿女永恒的信念，又是中华民族长盛不衰的力量之源。诚信是爱国的基础，爱国首先要从诚信做起。这就要求我们必须热爱自己的国家、热爱自己的民族，忠诚于自己的国家、忠诚于自己的民族，处处以国家和民族利益为重，时时以维护国家和民族利益为荣、以损害国家和民族利益为耻，奉公守法、无私奉献、诚信做人。

未定天保　梦殚社稷

周武王，姬姓，名发，我国西周初期杰出的政治家、军事家，西周王朝的开国君主，古代赫赫有名的明君圣主，被儒家尊为继周文王之后的又一位大圣人。

周武王是周文王的儿子，周公的哥哥，周成王的父亲。周文王病逝后，武王即位，他继承文王遗志，毅然以推翻商纣的残暴统治、解救天下百姓为己任，广施仁政。在姜太公、周公旦、召公奭等重臣辅佐下，国家日益强盛。孟津观兵后，纣王更加残暴，丧失民心，武王认为讨伐商纣王的时机已经成熟。他率领大军东进，在牧野之战中取得胜利，一举推翻了商朝的统治。

西周王朝建立后，武王认为新政权还没有得到上天的认可和庇佑，这称作"未定天保"。因此，自己作为开国之君，应该处处以江山社稷为重，时时以百姓福祉为先，勤修德政，惠及万民，以达到巩固政权的目的。武王将全部心思都用在治理国家上，他殚精竭虑，夜以继日，甚至梦中都在讲治理国家的事情，他一心想把天下治理成"偃武修文，归马于华山之阳，放牛于桃林之野"的太平盛世。武王是这样想的，也是这样做的。周公见武王非常劳累，他很担心，多次劝武王保重身体，不要心急，理想得一步一步去实现。然而，武王总是担心未定天保，为了治理国家，他日夜操劳，终于积劳成疾，英年早逝。武王病逝前仍然心系国家和百姓，嘱托周公完成自己的遗愿。后来在周公旦、召公奭、太公望等重臣的辅佐下，在成王、康王时，终于实现了武王的遗愿，开创了我国历史上第一个治世——成康之治。

周武王以国家大业为重，夜以继日、废寝忘食地考虑治理国家的大事。他作为开国君主，兢兢业业，勤于政务，一心想把国家治理成太平盛世，成为后世帝王学习的典范。

东征平叛　忠诚为国

周公，姬姓，名旦，我国西周初期杰出的政治家、军事家、思想家、教育家、儒家学派的奠基人，被后世儒家尊为"元圣"，他是忠诚为国的典范。

西周初期，武王为了巩固对东方地区的统治，封自己的弟弟管叔、蔡叔、霍叔到殷商腹地，监视纣王的儿子武庚统治的殷商都城附近地区，所以称为"三监"。周武王病逝后，他的儿子周成王即位，由于成王年少不能治理国家，于是周公奉武王的遗命代理成王治理国家。周公摄政后，"三监"不服，尤其是管叔排行第三，是周公的哥哥，非常嫉妒，认为自己应该摄政，轮也轮不到周公。于是，他一方面散布流言说周公不利于成王，有篡位夺权的野心；一方面联合兄弟蔡叔、霍叔，勾结武庚及东夷各国发动叛乱。以武庚为首的殷商贵族势力见到有机可乘，企图复辟殷商王朝，纷纷响应，一时声势浩大，天下震动。

随着流言的传播，成王开始怀疑周公，甚至连太公、召公这样的重臣也开始怀疑周公。面对内忧外患，周公毫不气馁，毅然担当起大任，他赤胆忠心，忠诚为国的崇高品德感化了成王，成功说服了太公、召公。从此，君臣团结一心，决定由周公率领大军东征平叛。出发前，周公发布《大诰》，说明了东征平叛的正义性和必要性，并表示自己上承天命，要继承文王、武王未尽的事业，平息叛乱。

周公东征，历时三年，他率大军击管蔡、擒武庚、定南方、平东夷，获得巨大胜利。周公班师回朝后，为了巩固胜利果实，他把王室宗亲封到东方建立诸侯国，作为藩屏，拱卫周王室。这些措施为"成康之治"盛世的开创奠定了基础。周公摄政七年后，天下太平，成王也年过二十，可以亲政了，就还政成王，自己退了下来。

北宋著名政治家、文学家范仲淹在《岳阳楼记》中概括"古人仁之心"为"居庙堂之高则忧其民；处江湖之远则忧其君""先天下之忧而忧，后天下之乐而乐"。周公以天下为己任，忠诚于国，被误解后，依然无怨无悔，为国家宵衣旰食、呕心沥血，一片赤诚、一片丹心，成为忠贞不渝、为国为民、光耀千秋的"古仁人"典范。

伯夷之风　忠贞不渝

伯夷，子姓，名允，我国商末周初著名的贤士，商朝诸侯国孤竹国国君的长子，殷商王室始祖契的后裔。相传伯夷还是一位古琴大师，有古琴名曲《伯夷操》流传于世。

伯夷有两个弟弟，二弟亚凭、三弟叔齐。孤竹国国君生前决定让第三个儿子叔齐即位，国君去世后，叔齐认为让兄长伯夷即位名正言顺，于是离开了孤竹国。伯夷见到三弟叔齐离开后，觉得自己即位，就会违背父亲遗愿，也离开了孤竹国。

兄弟俩隐居东海之滨，过着颠沛流离的生活。后来，他们听说周文王从羑里回来后，在周国广施仁政，善于奉养老人。于是他们感念文王仁德，因而不远千里，长途跋涉来到周国，准备在那里安度晚年。不料，他们来到周国后不久，文王病逝，武王即位，准备讨伐纣王。他们感叹说："这不是我们理想的世道啊！从前神农氏治理天下时，对人忠信厚爱，互相帮助，不进行征伐，民风淳厚，天下太平。周国现在准备以暴易暴，天下会越来越乱的，我们一定要阻止啊！"

伐纣大军出发后，伯夷、叔齐拦住武王的战车，大声进谏说："您的父亲文王刚刚去世，您却要大动干戈，这难道是孝顺吗？您作为商朝的臣子，现在却要以下犯上，兴兵讨伐，这难道是仁义吗？"周国将领见他们口出狂言，讥讽武王，就要拉下去斩首。姜太公连忙阻止说："他们是忠义之士，不可以杀害，还是放了吧！"伯夷、叔齐感叹说："这世道太乱了，还是隐居吧！"他们在首阳山隐居了下来。不久，武王伐纣成功，纣王在鹿台自焚，商朝灭亡，西周建立，天下诸侯纷纷归附。伯夷、叔齐得到消息后，悲痛万分，坚持以商朝遗民自居，誓死效忠于商朝，坚决不吃周朝土地上长出来的粮食，以野菜为生。后来，野菜也吃完了，饿死在首阳山上。人们被这种忠诚不渝、以死报国的高尚品德所感动，便把他们葬在首阳山上，并建庙祭祀。三千年来，凭吊祭奠他们的人很多，其中有一副对联高度概括了他们的崇高品德。

满山白薇，味压珍馐鱼肉；

两堆黄土，光高日月星辰。

武王伐纣、推翻商纣王的残暴统治，建立西周王朝，在历史上具有进步意义，得到了人民群众的支持。伯夷、叔齐忠于商朝，反对武王伐纣是一种不可取的愚忠行为，但这种忠于国家、忠贞不渝、以死报国的爱国主义精神和信念是值得弘扬的。几千年来，历代先贤将他们作为道德楷模，这是值得我们去深刻感悟其中为人处世的信念与道理的。

做人之本

孔子说："人而无信，不知其可也。"诚实守信是做人、立身之本，是个人立足于社会的基石，它最能体现一个人品德修养的高低。俗话说："处世以谦让为贵，做人以诚信为本。"信守承诺、言而有信是一种最基本的个人品德和社会公德要求。为人忠厚诚实、知错能改是诚信做人最基本的要求。诚信是通往成功的阶梯，是赢得人生的光明大道。

笃信立国　民众归附

周太王，姬姓，名亶，我国商朝末期杰出的政治家、军事家，周部族杰出的首领，被后世尊称为古公亶父。他是上承后稷、公刘之伟业，下启文王、武王之盛世的划时代人物，是周王朝八百年江山的奠基者之一。

姬姓部族首领公刘在豳地建立了以本部族为主体，周边部落为辅助的豳国。古公亶父即位时，周人已经在豳地生活了将近300年。古公积德行义、笃信仁爱，深受国人爱戴。古公坚信立国君的目的是为造福百姓的，如果不能为百姓谋利益宁可不做国君。在古公的治理下，豳国百姓安居乐业、民风淳朴、笃信好义。

豳国西北方有一个叫薰育的游牧民族部落，他们以狩猎、放牧、抢掠为生。他们见豳国富裕起来，便时常袭扰，掠夺财物。古公不愿族人有所损伤，希望能够与他们和平相处，便赠送财物给他们。薰育部落不仅没有感激，反而觉得豳国人软弱可欺，他们贪得无厌，并没有停止对豳国的掠夺，企图赶走古公亶父，占领并统治豳国。国人愤怒不已，纷纷要求开战，古公坚决制止，他说："我坚信你们立我做国君的目的就是为了造福百姓，现在薰育侵扰，无非是为了掠夺财物和我的君位，现在为了保住我的君位而开战，牺牲大家的亲人，这是我最不忍心的，我绝不能违背我的信念和初衷。"古公这番诚恳的话感动了大家，就打消了与薰育作战的念头。

古公感到这样下去不是办法，自己不能连累其他部落的百姓，于是带领族人渡过漆水、沮水，翻越梁山，来到岐下周原，建立周国。豳国百姓得知后，认为古公是一位重信义的仁德之君，于是扶老携幼，纷纷归附。周边部落百姓听说后，也归附周国。

俗话说："人无信不立，国无信不兴"，诚信是做人最基本的原则，也是立国的基础。古公亶父以百姓为念，笃信仁爱、坚守心中信念，赢得了国人的信任和爱戴，使民众纷纷归附周国，很快发展起来。

太伯让贤　信守天下

太伯是我国商周之际具有代表性的圣贤之一，勾吴政权的创始人，吴文化的奠基者，被誉为"江南人文始祖"，又因三让天下，被后世称为"三让王"，被孔子称赞为品德达到至高境界的"至德"圣贤。

古公亶父有三个儿子，长子太伯，次子仲雍，少子季历。周人迁往周原后，建立周国，在古公亶父的领导下，周国逐渐强大起来。古公亶父是一位具有雄心壮志的政治家，他目光远大，一直想选一位优秀的继承人，将周人的事业发扬光大，但三个儿子都很优秀，一时之间拿不定主意。少子季历娶了商朝贵族的女儿为妻，生下一子名叫昌（周文王），聪慧无比。古公亶父深思熟虑后，决定把国君之位传给季历，然后再传给昌，但这样做会破坏当时长子继承制的传统，难以服众。在一次饭后，古公亶父若有意、若无意地感叹说："我们周国兴起的希望在昌身上啊！"

太伯听后，明白了父亲的心意，他再三考虑后，认为父亲的决定是正确的，便遵从父亲意愿，让出君位，与二弟仲雍一起到西镇吴山隐居起来。后来，古公亶父病逝后，太伯、仲雍兄弟俩奔丧，坚决推辞三弟季历的让位。为了不影响季历继位，干脆远奔荆蛮，文身断发，以表决心。吴地百姓被太伯德孝仁爱、诚实守信、谦逊礼让的大德所感动，纷纷拥戴他做国君，创立了勾吴政权。太伯也因此被孔子推崇为至德第一人。大诗人李白有诗赞道："泰伯让天下，仲雍扬波涛。清风荡万古，迹与星辰高。"

诚实守信是为人之本，任何一个品德高尚的人，首先是一个重信义、守承诺的人。太伯、仲雍兄弟俩尽管没有在口头上作出放弃君位的承诺，但他们心中有了这样的承诺，为了坚守心中的承诺，他们毅然三让君位，为天下人树立了信守承诺的典范。

金縢藏策　诚感动天

周公，姬姓，名旦，我国西周初期杰出的政治家、军事家、思想家、儒家学派的奠基人，被后世尊为"元圣"。他是西周王朝的开国元勋，周文王的儿子、武王的弟弟、成王的叔父，以"制礼作乐"而著称于世。

西周建立不久，武王病逝，成王年少，巩固政权、实现国家长治久安的重任落到了周公的肩上。周公不畏艰难险阻，毅然挑起了重担，辅佐成王治理国家。这却引起了一些宗亲重臣的猜疑，尤其是周公的兄弟管叔、蔡叔、霍叔等人。他们策动成王身边的臣子蛊惑成王，说周公居心叵测，要篡权夺位，取代成王。成王起初不信，但三人成虎、众口铄金，时间久了，开始猜忌防范周公，以前对周公言听计从，现在推三阻四。管叔、蔡叔、霍叔等见离间成王和周公成功了，就借机联合纣王的儿子武庚发动叛乱，史称"三监之乱"。

周公明白如不能取信于成王，君臣团结一致，就无法平息叛乱，于是就写了一首叫《鸱鸮》的诗，以诗明志。周公将居心叵测的叛乱分子比作鸱鸮，将自己比作辛苦保护幼鸟和巢穴的大鸟，把成王比作幼鸟，将西周的江山比作风雨飘摇中的鸟巢，大鸟为了保卫江山，早就满身伤痕，历尽艰辛与挫折。成王读后，并没有体会到周公的苦心。为了避免矛盾激化，周公离开镐京，到外地巡视。

转眼数月过去了，管叔、蔡叔等发动的叛乱并没有因为周公的离开而平息，反而变本加厉，这时成王才有所悔悟。有一天，突然电闪雷鸣，狂风大作，庄稼被吹倒，大树连根拔起，一时人心惶惶。成王率领百官去太庙祈祷，以求神灵和祖先保佑。突然，狂风将庙中藏祷文的匣子吹落下来，成王发现里面藏着周公写的两篇祈祷文字。一篇是武王病危时，周公向祖先祷告，希望将武王的重病转移到自己身上，愿代武王一死。另一篇是成王患病时，比较严重，周公焦急万分，祈求祖先和神灵保佑成王病愈，并剪下指甲扔到河中，祈求神灵原谅成王年少无知，有什么惩罚降到自己身上。周公赤胆忠心，终于感动了成王。成王派人请周公回朝，并率文武百官出城迎接，向周公诚恳认错。这时，雨停了，风向也改变了，吹倒的庄稼又竖立起来。大家都认为周公一片赤诚，感动了天地，感动了成王。此后，君臣齐心，平定叛乱，制礼作乐，创建制度，共同开创了"成康之治"，为周朝八百年江山奠定了基础。

古人讲："精诚所至，金石为开。"周公凭借自己的真诚和智慧，感化了周成王和大臣们，重新赢得他们的信任，成功化解了一场政治危机，使江山社稷转危为安。成王在周公一片赤诚的感召下，认识到自己的错误，勇于改错，重新信任周公，成就了君臣肝胆相照、荣辱与共、开创盛世的佳话。

齐家之法

"齐家"是中华优秀传统文化中"修齐治平"思想的一个重要内容。古代先贤非常重视家庭文化和家庭教育，诚信就是重要内容之一。如何将诚信融入家庭文化和家庭教育之中呢？首先，家庭成员之间要讲诚信，互相信任，形成诚实守信、团结和谐的优良家风；其次，长辈要以身作则，教育晚辈诚实守信，培育良好的品德；最后，家庭成员融入社会要言行一致，形成诚实守信的良好家声，从而影响周围的社会风尚。

周公教侄　诚信家风

周公是我国西周初期杰出的政治家、军事家、思想家、儒家学派的奠基人，被誉为"元圣"。他不仅是西周王朝的开国元勋，还是一位杰出的教育家，尤其善于家庭教育。在他的悉心教导下，子侄辈涌现出许多杰出的人才，其中周成王是最优秀的一位。

周成王能够成为开创我国历史上第一个盛世"成康之治"的明君，离不开叔父周公的言传身教。周公以诚信为家风，不仅以身作则，也常常以此教育子侄。周武王非常信任周公，西周建立不久，武王积劳成疾，去世前将儿子诵托孤给周公。武王去世后，诵继位，史称周成王。周公摄政治理天下，他不仅肩负治国理政的大任，还担负着教育成王为君之道的重任。

相传，武王的妃子邑姜怀孕时，武王梦见天帝告诉他说："我命你生个儿子，名字叫虞，我给他唐国。"过了几个月，邑姜生了个儿子，手掌中有一个像"虞"字形的花纹，就取名为虞，排行第三，所以又叫叔虞。成王和弟弟叔虞年纪相仿，关系特别好，经常在一起玩耍。有一次，成王和弟弟叔虞在一棵桐树下玩耍，兄弟俩玩得非常高兴。恰在这时，从树上落下一片桐叶，成王从地上捡起来，用手撕成玉珪的形状，送给叔虞说："我用这个封你做诸侯"，叔虞也起了玩心，一本正经地举起双手接过谢恩。一旁的史官将成王的言行记录下来。几个月过去了，成王将这件事当作玩笑，早就忘记了。史官将这件事报告给周公，周公得知后，便去见成王。他向成王提起这件事，成王说："这是我们小孩子间的游戏，闹着玩的，不能当真。"周公严肃地说："君无戏言，您作为天子怎么能言而无信呢？这如何统领百官、治理天下呢？今后，您下的诏令又如何让天下臣民信服呢？"成王认识到问题的严重性，于是选择一个良辰吉日，举办了授封大典，将叔虞封到唐地（在今山西省境内）做诸侯，所以后世称他为唐叔虞。叔虞的儿子后来改国号为晋，春秋时期，晋文公称霸诸侯，成为早期的霸主。

《礼记》中讲："有其言，无其行，君子耻之"，周公将诚实守信作为教育晚辈的重要品德，身体力行，并成为家风的重要内容之一。在诚信家风的熏陶下，周公的子侄辈中，涌现出许多杰出的人才，为"成康之治"的出现，奠定了人才基础。

晏子拒婚　情深义重

晏子，姬姓，名婴（一说子姓），我国春秋时期著名的政治家、思想家、外交家、齐国贤相，为齐灵公、庄公、景公三朝元老，从政长达五十余年，以贤能通达、机智有谋而闻名于诸侯，被后人尊称为晏子。

齐景公有个女儿，不仅长得闭月羞花、沉鱼落雁，而且知书达理、雍容华贵，景公视若掌上明珠，十分疼爱。待到出嫁年龄时，景公不想把女儿远嫁诸侯，就想在大臣中找一个门当户对、德高望重的贤才，将女儿嫁给他。这样一来，不但可以经常见到自己的女儿，还可以加强自己与重臣的关系，可谓一举两得。景公思虑再三，觉得晏子身为国相，在大臣和百姓中威望高、口碑好，把女儿嫁给他做相国夫人，也不算辱没门庭，便决定去晏子家中，试探一下口风。

晏子见国君来到家中，全家赶忙拜见，并设宴款待。宴席上，晏子让自己的夫人为景公斟酒后退下。过了一会儿，景公借着酒兴对晏子说："您的夫人又老又丑，真是配不上您的身份和声望啊！我有个女儿既漂亮又贤惠，我想把她嫁给您做夫人，不知道您意下如何？"

晏子听后，离开座席，严肃地对景公说："我的夫人现在的确是又老又丑，可是我与她一起生活了很长时间，以前她也有年轻漂亮的时候。我的夫人正是在年轻漂亮的时候把自己将来年老丑陋的时候全部托付给我。我已接受她的托付，并对她作出终身承诺。现在您想把女儿嫁给我，难道是让我抛弃妻子，另寻新欢，做一个喜新厌旧、背信弃义的人吗？"晏子说完，向景公拜了两拜，谢绝了婚事。

《诗经·邶风·击鼓》云："死生契阔，与子成说；执子之手，与子偕老。"这几句诗原指战场上生死与共的袍泽之情，后来演变为夫妻之间矢志不渝的爱情。夫妻关系是最重要的家庭伦理关系之一，处理好夫妻关系是齐家的重要内容。在妇女地位低下的古代社会，晏子身居高位，并没有因为妻子年老色衰而喜新厌旧，也没有趋炎附势、攀龙附凤，他断然拒绝了齐景公的赐婚，展现了重情重义、品行高洁的贤相风度。晏子对自己的妻子不离不弃，坚守了对夫妻感情的庄严许诺，是我国古代修身、齐家、治国的典范。

曾子杀猪 教子以信

曾参，字子舆，我国春秋末期儒家学派代表性人物之一，孔门七十二贤之一，著名的思想家，被后世儒家推崇为"宗圣"，尊称为曾子，他以孝亲敬老、诚实守信的家风家教而著称于世。

有一次，曾子外出办事，妻子和儿子留在家中。一会儿，妻子准备去市场买东西，儿子哭闹不已，要跟着去。妻子没有办法，只好哄着儿子说："不要哭闹了，等你爸爸回来杀猪做肉给你吃。"儿子听后，信以为真，果然不闹了，妻子才得以出门。

曾子回来后，儿子嚷嚷着说妈妈答应要杀猪吃肉。家里的猪还没有长大，曾子感到很奇怪，于是向儿子问明原因后，便请邻居帮忙杀猪。妻子从集市回来后，看到曾子正在和邻居杀猪，就抱怨说："我只是哄哄孩子，你怎么就当真呢？"曾子严肃地说："你这样做不对！孩子不懂事，大人的一言一行是孩子学习的榜样，我们做父母的更应该以身作则，言传身教，不能欺骗孩子，要教育孩子诚实守信，这样才能立足于社会，成为国家的栋梁。我们作为父母，如果不能说到做到，欺骗了孩子，就会失去威信，孩子也就学会了欺骗，难以成才，后果不堪设想。"妻子听了，觉得很有道理，就帮忙杀猪做肉，家里传出一阵欢快的笑声。

《三字经》中讲："养不教，父之过"，父母是孩子的第一任启蒙老师，父母的言行举止对孩子的成长必然产生很大影响。因此，作为家长应该以身作则，言传身教，培养孩子养成诚实守信的优良品德。近代著名教育家陶行知先生有句名言："千教万教教人求真，千学万学学做真人。"曾子杀猪教子，用自己的行动教育孩子要真诚待人，言而有信，从长远看有利于培养孩子诚实守信的良好品德，形成诚信传家的良好家风。

处世之道

唐代大诗人李白诗云："人生贵相知，何必金与钱。"这两句诗道出了处世交友的最重要规则是相知，而相知是建立在人与人之间相互信任的基础上的，只有以诚相待、以信相交，才会有朋友间的相知。自古以来，言行一致、表里如一、实事求是、注重信誉就是中国人处世交友的基石。可以毫不夸张地讲，诚信是一个人得到认可、尊重、友谊、帮助和支持的金名片。

分沟礼燕　信义为先

齐桓公，姜姓，名小白，我国春秋时期杰出的政治家、军事家，齐国国君，姜太公第十二代孙，名列"春秋五霸"之首，开启了春秋时期争霸的先河。

齐桓公在位期间任用管仲为相，励精图治，推行改革，实行富国强兵政策，使齐国很快强盛起来。齐国强大后，齐桓公打着"尊王攘夷"的旗号（即维护周天子，联合天下诸侯共同抵御周边游牧民族的侵扰），多次会盟诸侯，被推为盟主，成为春秋时期的第一个霸主。

北方的燕国国君燕庄公是周初开国元勋召公奭的后裔，燕国在诸侯中颇有声望，但由于国贫民弱，经常遭受北方的游牧民族侵扰。有一次，游牧部族山戎大规模侵袭，占领了燕国大片领土，围困了国都，形势十分危急。燕庄公派使者向齐桓公求救，齐桓公作为盟主率领大军，联合燕国军队打败了山戎，解救了燕国。燕庄公非常感激，设宴招待齐桓公，并亲自送齐桓公班师回国。出于对齐桓公的感激，燕庄公一送再送，一直将齐桓公送到了齐国境内。齐桓公说："除周天子以外，诸侯送人是不能跨越本国国界的，我必须以重信守义，不能违背。"于是将燕庄公所到的齐国地方全部划给了燕国。还叮嘱燕庄公以召公为榜样，重信守义，勤政爱民，遵守礼制，按时向周天子纳贡。诸侯听说这件事后，无不心悦诚服，纷纷拥戴齐桓公，齐国的霸主地位更加稳固了。

齐桓公重信守义，解救燕国，遵守礼法，分沟赠地，被传为千秋佳话，体现了中华民族重信守义的处世之道和扶危济困的仁义情怀。诚信不仅是为人处世、人际交往的基本规则，而且是国家之间、民族之间交往基本规则，它体现了一个国家和民族的国格、信誉与品质。

退避三舍　言而有信

晋文公，姬姓，名重耳，周武王之子唐叔虞的后裔，我国春秋时期杰出的政治家、军事家，晋国国君，名列"春秋五霸"之一，文治武功卓绝，是春秋时期继齐桓公后第二位霸主，开启了晋国长达百年的霸业。

晋文公早年时，父亲晋献公听信宠妃骊姬谗言，晋文公遭到迫害，被迫流亡在外长达20年。在流亡期间，有一次，晋文公和随从来到楚国，当时楚国的国君是楚文王，他并没有轻视晋文公，而是用诸侯的礼节隆重接待晋文公。在宴席期间，楚成王开玩笑说："如果您将来当上晋国国君，如何来报答我呢？"晋文公说："您身为一国之君，富有四海，我实在不知道如何来报答您今天的盛情款待。"楚成王说："尽管如此，但我还是想知道您如何报答我呢？"晋文公想了一下，说："如果将来晋国和楚国军队相遇，我将命令晋国军队退避三舍（古代一舍为30里，三舍为90里），来报答您今天的盛情。"当时，楚国大将子玉听后，很不高兴，劝楚成王杀掉晋文公，楚成王认为晋文公有德行，闻名诸侯，不能杀。

过了几年，晋文公回到晋国做了国君。在他的领导下，晋国很快强大起来，并和楚国展开了争霸战争。两国军队在作战时相遇，晋文公兑现当年的诺言，下令晋国军队退避三舍，后撤90里，驻扎在城濮。楚国统帅子玉认为，晋军惧怕楚军的强大，所以才撤退，于是下令追击。晋军利用楚军骄傲轻敌的弱点，集中兵力，大破楚军，取得了胜利，这一战奠定了晋国霸主的地位。

诚信是规则、是友谊、是威望。无论一个人、一个家庭、一个企业、一个国家，只有以诚信为本，才能在交往中获得友谊、赢得威望、走向成功。晋文公以诚相待、以信相交，他信守诺言，取信于诸侯，赢得了很高的威望，这也是晋文公成为春秋霸主、晋国建立百年霸业的重要原因。

季子挂剑　信守心诺

季子，姬姓，名季札，我国春秋时期吴国著名的政治家、思想家、外交家和文艺评论家。太伯、仲雍的后裔，因封地在延陵，故又称为延陵季子。季子是吴王寿梦的第四个儿子，他多才多艺，仁德谦让，曾三次让出吴国国君之位，是继太伯、仲雍之后又一个"三让君位"的典范，被誉为当时"江南第一圣人"。

有一次，季子奉命北上出使齐、郑、卫、晋、徐等诸侯国。路过徐国时，按照礼节，专程拜访了徐国国君，并得到徐君的盛情款待，主宾相谈甚欢，意气相投。吴国因善于铸剑而闻名于诸侯，季子的佩剑精美大方、庄重华丽、锋利无比、十分罕见。徐君见到后，爱不释手，又不便开口相求。季子看出徐君的想法，但是因为要访问其他国家，按照当时礼节，佩剑是使节的信物和国家的象征，使者不带佩剑访问是失礼的行为。所以当时不便将佩剑赠送给徐君，于是准备完成使命后再赠送给徐君留念。

等到完成出访使命后再路过徐国时，徐君已经去世。季子十分悲痛，去徐君坟前祭拜一番后，慨然解下佩剑，挂在徐君墓旁的松树上。随从感到非常不理解，问道："徐君已经去世，您将剑挂在坟头上，他也得不到了，这有什么意义呢？"季子说："当初徐君想要得到这把剑时，我心里已经准备送给他，只是因为没有完成出访使命，所以暂时不能送给他，现在他虽然去世了，但我不能违背心中对他的承诺啊！"说完躬身而拜，随后离开徐国。

诚信是通往友谊的桥梁、是增进感情的润滑剂，人际交往，贵在守信。以诚相待、以信相交是处世交友的基本原则。延陵季子以信义为重，重情守义、仗义疏财、成人之美的崇高品格受到世人的交口称赞。他以诚待人、以信交友的德行，为后世树立了千秋典范。

从业之魂

自古以来，诚信就是中国人从业最基本的准则，各行各业在诚信方面，都有相同的要求，可以说诚实守信是各行各业最重要、最基本、最普遍的道德规范之一。尤其是在中国传统商业领域，普遍将"买卖公平、价格公道、货真价实、童叟无欺"作为经商之道。儒家学派诞生后，其仁义思想与传统商业相结合，产生了"儒商"。他们坚持"君子爱财，取之有道""见利忘义，天诛地灭"的信条，讲究"生意不成仁义在"，形成了以诚信为灵魂的商业道德。现代人无论从事任何职业，都必须用诚信规范自己的言行，这样才能打开成功之门。

公刘好货　诚信为本

公刘，姬姓，名刘，我国夏末商初杰出的政治家，姬姓部族杰出的首领。他带领族人迁徙到豳地（今陕西省彬州市、旬邑县一带），创建了部族国家——豳国，在周人发展史上具有划时代的意义。

公刘继任首领后，大约是商朝初期，姬姓部族已经在今天甘肃庆阳一带生活了数百年，那里的土地不再肥沃，而且还经常会遭受到戎狄的侵扰，于是公刘率领族人向南迁徙到豳地。

公刘带领族人迁到豳地后，开垦土地，种植庄稼，开凿窑洞，修建房屋，豳地一片欣欣向荣。一切稳定下来后，公刘便创建了自己的国家——豳国。公刘深知要使族人过上安居乐业的富足生活，离不开辛勤劳动，也离不开与周边部落进行货物贸易。于是，他在农闲时期，带领族人发展畜牧业、手工业，并将多余的产品拿出去与周边部落人民以货易货，互通有无，积极推动贸易，以至于大家都知道公刘喜好聚集财物和货物贸易。公刘为人忠厚，诚实守信，他要求族人与周边部落人民贸易时，以诚信为本，公平公正，不能欺诈，所以人们都喜欢和姬姓部族贸易。这样，族人很快集聚了许多财物，百姓过上了丰衣足食的富足日子。周边百姓看姬姓部族人们安居乐业、生活富足，纷纷前来归附，连周边的一些部落首领也拥戴公刘为他们的宗主。从此，姬姓部族进入了一个兴旺发展的新阶段。

孟子曾讲过公刘好货，他认为公刘喜欢聚集财物、搞货物贸易是为了让百姓过上丰衣足食的富足生活。公刘以诚信为本，要求族人以货易货贸易时，要公平公正，不能欺诈，赢得了人们的信任，为周族的兴起做出了重要贡献。

端木遗风　诚信至上

子贡，复姓端木，名赐，我国春秋时期著名的思想家、外交家、儒家学派代表之一，孔门"十哲"和"七十二贤"之一。他因善于经商，取财有道，被后世商家尊为儒商鼻祖，被民间奉为财神。子贡是孔子最杰出的弟子之一，他不仅聪明好学，口才极好，而且是一个商业和外交天才，是孔子弟子中的首富。

子贡在理财和经商方面具有卓越的天赋。他善于经商，经常奔走于曹、鲁两国之间，根据货物行情的变化，在便宜时买进来，囤积起来，贵时再卖出去，从中获利，成为巨富。子贡在经商过程中，始终坚持诚实守信、公平买卖的原则，他经常资助自己的老师孔子，把财富视作实现自己理想抱负的工具。子贡还是一个天才的外交家，口才极好。他成为巨富后，经常载着千金，穿梭于诸侯国之间，凭借自己的智慧和财富，周旋化解了许多诸侯国之间的战争，造福于百姓。子贡还是尊师重道的楷模，孔子逝世后，子贡从外地赶回来，精心操办孔子的丧事，还在墓旁搭了个茅棚，为孔子守孝长达6年。

子贡在商业领域树立了仁义为先、诚信至上的商业道德准则，成为中国传统商业领域最基本的从商规范。因子贡复姓端木，所以，后世商家将子贡"仁义为先、诚信至上"的经商准则称为"端木遗风"。著名史学家司马迁将"端木遗风"总结为"君子爱财，取之有道"的经商和财富理念。

子贡在经商过程中，始终秉承"仁义为先、诚信至上"的原则，成为后世商家遵从的道德规范。子贡开创并践行的"取财有道、仁义为先、诚信至上"的经商信条，既为自己积累了大量的财富，又用于造福百姓、实现自己的理想抱负，还开创了中国诚信经商之先河。

朱公经商　重信守义

范蠡，别称陶朱公，我国春秋末期著名的政治家、军事家、谋略家、经济学家，被后世商家尊为"商圣""文财神"和"祖师爷"。

范蠡博学多才、文武双全，投奔越国后，曾辅佐越王勾践，同甘共苦、卧薪尝胆，灭掉吴国，一雪前耻，勾践成为春秋末期的霸主。范蠡功成名就之后，担心落个鸟尽弓藏、兔死狗烹的下场，为了明哲保身，他急流勇退，辞去官职后，化名隐居起来。范蠡发挥自己善于理财经商的天赋，在经商过程中秉持"诚信为本、重义轻利、童叟无欺、薄利多销、不求暴利"的理念，很快积累了大量财富，成为著名的商人。范蠡通过经商，曾三次成为富甲一方、名闻天下的大商人，最后一次在宋国四通八达的陶丘（今山东省菏泽市）定居下来，自号"陶朱公"。

范蠡在经商和创业过程中始终将"诚实守信、仁义经商、童叟无欺、买卖公平"作为最基本的商业道德规范，并保持着谦和礼让的经商态度，他从不乘人之危，盘剥百姓和其他商家。范蠡取财有道，通过经商三次获得巨额财富，又三次将积累的财富分给亲戚、朋友、邻里和百姓。每遇到灾荒，范蠡就减免地租，开仓赈济灾民。范蠡在经商过程中，年初就会与合作伙伴议定好商品的价格，如果年底涨价，就按照涨后的价格收购，如果年底降价，就按照年初议定的价格收购。这样做尽管吃了亏，但他的商业信誉和商业道德却传遍天下，五湖四海的商家们都愿意和他打交道、做生意。他在商业和商德上获得了巨大的成功。范蠡真可谓是"以忠谋国、以智保身、以商致富、名动天下、誉满后世"

的商家圣人。

先贤云："仁者以财发身，不仁者以身发财"，意思是仁者利用财富来实现自己的理想，不仁者将自己作为获取财富的工具。陶朱公范蠡始终坚守"诚实守信、仁义经商、童叟无欺、买卖公平"的经商理念，他仗义疏财、乐善好施、回报社会的善举，成为两千多年来历代商家学习的楷模。

为政之要

孔子在《论语·颜渊》篇讲："足食，足兵，民信之矣。"孔子把"足信"列为国家政治生活中的三个基本要素之一，可见，政治家在治国理政中，取信于民的重要性。诚信在政治领域的内涵比较宽泛，比如忠诚于国、取信于民、公正无私、廉洁奉公、一心为民等等。诚信是国家治理的基础，是政治家最基本的政治素养之一，即初心上要"为官一任、造福一方"，言行上要"言而有信、谨言慎行"，历代政治家无不将诚信列为为政之要，并且身体力行，得以青史留名。

文王用贤　信而不疑

周文王，姬姓，名昌，我国商朝末期杰出的政治家、军事家，周国最杰出的首领之一，西周王朝的奠基人。他是周太王之孙，季历之子，周武王、周公之父，后世公认的大圣人。

周文王以德孝仁爱、敬老慈少、礼贤下士而闻名于诸侯。他小时候就聪慧无比，祖父周太王寄予厚望，认为他能够带领周人崛起。周文王作了周国国君后，勤修内政、广施仁政、尊老敬贤、交好诸侯，将国家治理得政通人和，夜不闭户、路不拾遗，百业兴旺，百姓安居乐业，国家欣欣向荣。

当时的天下由殷商统治，商纣王骄奢淫逸、残暴不仁、不修德政，诸侯离心离德，百姓苦不堪言。商王文丁时，由于忌惮周国的强大，就杀害了文王的父亲季历。文王被囚羑里，长子伯邑考来商救父，被商纣王残忍烹杀。文王身怀国仇家恨，准备推翻商纣王的残暴统治，解救天下百姓于水火之中，于是他便礼贤下士，寻访贤才，共襄盛举。前来投奔文王的贤士不乏来自其他诸侯国和商朝，甚至还有殷商贵族和商纣王的臣子。如贤士散宜生来自散国、鬻熊来自楚国、辛甲原是纣王的大臣等等，像这种贤士很多，但文王都能一视同仁，以礼相待，委以重任，用人不疑。一时之间，天下贤士闻风而动，纷纷归附。

文王最倚重的大贤就是姜太公，姜太公长期生活在东海，属于殷商的势力范围，还一度在纣王宫中任职。文王并没有因为这些原因冷落姜太公，在渭水访得姜太公后，委以重任，始终信任有加，成为自己最得力的助手。文王病逝前，将武王托孤于姜太公，武王尊太公为"师尚父"，太公没有辜负文王的信任，辅佐武王完成文王遗志，伐纣成功，开创了西周王朝。

"用人不疑，疑人不用"，这是我国古代政治家所秉持为政用人的重要信条之一。周文王作为一位杰出的政治家，他礼贤下士，量才委任，信而不疑，为西周王朝的建立储备了大量人才，成为访贤、信贤、用贤的典范。

武王访贤　诚信治国

周武王，姬姓，名发，我国西周初期杰出的政治家、军事家，西周王朝的开国君主，古代赫赫有名的明君圣主，被儒家尊为继周文王之后的又一位大圣人。

牧野之战后，周国大军迅速攻占了商朝的都城朝歌。为了收复民心，巩固统治，武王并没有立即班师回朝。他下令释放了被商纣王囚禁的百姓，将鹿台的财宝物归原主，开仓赈济百姓，祭祀了商朝忠臣比干，还礼贤下士，拜访商纣王的贤臣商容，请他担任"三公"，被婉言谢绝后，派人在商容住过的地方树立旌旗，表彰他的德行。这些举措赢得了民心，使朝歌很快稳定下来。但有一个问题常常萦绕在武王的脑中：商朝为什么会迅速土崩瓦解？治理国家最主要的原则是什么？武王常常带着这些问题深入民间，一边寻访民情，一边寻找答案。

有一次，武王听说在朝歌偏僻的城郊住着一位德高望重、聪慧睿智的贤士，于是就去寻访。他见到贤士后，相谈甚欢，离别时就请教这个问题的答案。贤士说："您想要知道答案，请明天中午来这里，我讲给您听。"第二天一早，武王就带着姜太公一起去，可是一直等到下午，还没有见到贤士。武王感到很奇怪，于是便问姜太公道："这位贤士在民间口碑很好，怎么会失约呢？"姜太公回答说："其实这位贤士已经告诉您答案了，之所以失约不来，一是作为一名贤德之士，他不想讲自己君主纣王的罪过；二是告诉您殷商灭亡主要原因正是纣王言而无信，失信于民，失去了民心；三是告诉您要言而有信，诚信治国，取信于民。"武王听后，恍然大悟，周初统治者在治理国家过程中，一直贯彻了诚信治国的理念。

诚信既是立国之本，也是为政之要。国家的诚信，对内维护的是国家的威信，对外树立的是国家的信誉。商纣王失信于民，失去民心，最终导致商朝土崩瓦解；武王取信于民，尽得民心，最终推翻残暴的殷纣、开创了西周王朝。在我国古代历史上，诚信治国是历代政治家治国理政、取信于民、赢得民心的金科玉律。

取信于民　以弱克强

曹刿是我国春秋时期杰出的政治家、军事家。他是鲁国人，为周文王第六个儿子曹叔振铎的后裔，因指挥齐鲁长勺之战，以少胜多、以弱克强而闻名诸侯。

春秋时期，齐桓公做了齐国国君后，因鲁国曾支持齐桓公的哥哥公子纠与桓公争夺国君之位而讨伐鲁国。当时，齐国是大诸侯国，鲁国是小诸侯国，齐国大军压境，形势非常紧迫，鲁国国君鲁庄公和大臣们惊慌失措。这时候，曹刿挺身而出，准备见鲁庄公，愿意为国家效力。邻居们劝道："国家大事是那些高官厚禄的人在谋划，哪轮到你一个老百姓去掺和呢？"曹刿说："国家危难之际，每个人都有为国效力的责任，况且那些人目光短浅，不能深谋远虑！"说完毅然去见鲁庄公。

曹刿见到鲁庄公后问："您依仗什么跟齐国作战？"鲁庄公说："衣食之类的东西，我从来不独自享用，总是把它们分给他人。"曹刿说："这只是小恩小惠，百姓是不会支持您的。"鲁庄公又说："祭祀用的祭品，我不敢虚报数量。"曹刿回答说："这些只是小信用，神灵不会庇佑您的。"鲁庄公又说："大大小小的案件，我虽然不能一一明察，但必定根据实情来判断，进行公正判案。"曹刿回答说："这样尽到了您的职责，能够得到百姓的信任，凭借这个可以作战。"鲁庄公觉得曹刿足智多谋，便请他做军师，一起出战。曹刿凭借自己的智谋，协助鲁庄公指挥大战，取得了长勺之战的胜利，成功化解了国家危难。

毛泽东同志作出了"战争的伟力之最深厚的根源存在于民众之中"的著名论断，人民群众是决定战争胜负的决定性力量。长勺之战是我国历史上著名的以小胜大、以弱胜强的经典之战，也是齐桓公在争霸过程中一次少有的重大挫折。弱小的鲁国之所以能够在长勺之战中以少胜多、以弱克强，最主要的原因是鲁庄公能够公正判案、取信于民，因而得到人民支持。

　　礼乐文化和德政思想是周文化的核心内容，西周王朝建立后，周公制礼作乐，开创了礼乐治国的先河。与此同时，又把以德治国的思想提高到前所未有的高度，提出了"惟德是辅""敬德保民""明德慎罚""德主刑辅"等德治思想。《逸周书》中提出了"九德"与"九行"的思想，"九德"为忠、信、敬、刚、柔、和、固、贞、顺。"九行"为一仁、二行、三让、四信、五固、六治、七义、八意、九勇。"九德"与"九行"都包含了"信"的思想。可见，周人将"信"作为德行的一种，并践行于治国理政之中。"信"成为周人治理天下、巩固统治、维护稳定的治国思想。西周前期统治者正是依靠诚信，以德化民，赢得万邦来朝、天下归心，从而开创了我国奴隶社会的黄金时代。

春秋战国是一个大师辈出、群星灿烂、百家争鸣的学术思想大解放时代。诸多学派都继承发展了西周时期的诚信思想，并将其付诸修身、齐家、治国、平天下的实践之中，对后世产生了极为深远的影响。自此以后，历代政治家、思想家、大儒、士绅、学子们无不将诚信作为修身、立德、齐家、立业、为政等道德规范，并取其精华，在此基础上传承发展，运用于修身、齐家、治国、平天下的实践之中，由此衍生了许多关于诚信的历史典故，为后世树立了修身立德、为人处世、齐家治国的典范。

这些典故或载于史书之中、或载于其他典籍之中、或在民间广为流传，它们都是传承中华传统美德、弘扬中华优秀传统文化、传递社会正能量的好教材。本篇分为忠诚于国、诚信做人、诚信齐家、诚信处世、诚信从业、诚信为政六节，每节由引言和五个历史故事组成，每个故事后都有点评或解读。所选历史故事从春秋到清末，许多故事耳熟能详，都具有现实的教育意义。

忠诚于国

《左传·昭公元年》云："临患不忘国，忠也。"自古以来，忠诚于国就是中华民族的传统美德，更是中华民族历尽危难而不倒，长期屹立于世界民族之林的重要精神支柱。在历史上，每当国家危亡之际，总有一批忠诚于国、舍身忘家的仁人志士，他们前赴后继、视死如归，挽救国家和民族于倾覆之中。诚信是做人之本、处世之基，忠于国家、忠于民族、忠于人民是最重要、最基本、最大的诚信。

屈大夫汨罗投江

屈原，屈氏芈姓，名平，字原，我国战国时期著名的爱国诗人、政治家，浪漫主义文学的奠基人，被后世誉为"楚辞之祖"。因在楚怀王时期担任三闾大夫一职，所以被后世尊称为"屈大夫"。

屈原是楚国贵族，自幼受到良好的教育，博闻强识、志向远大。他从小就广泛接触下层社会，同情人民，写诗有"长太息以掩涕兮，哀民生之多艰"，感叹百姓生活的艰辛，遂萌生了以救国救民为己任的伟大抱负。屈原早年受到楚怀王的信任，他对内主张举贤任能，革除弊政，变法图强；对外主张联合齐国、共同抗秦。但楚怀王是一位昏君，他利令智昏，听信谗言，将屈原流放。

屈原被放逐后，秦国步步紧逼，有朋友劝屈原说："国君不信任您，还把您放逐了，现在秦国大军压境，以您的才能，何不离开这个是非之地，另谋高就？"屈原坚定地回答："楚国是生我养我的地方，现在国家有难，我又怎能离开呢？"朋友又劝屈原说："只要平安，又能得到富贵，在哪儿都是一样的。"屈原严肃地说："我生是楚国人，死是楚国魂。您不要劝了，我没有您这样的朋友，也不想再见到您。"

屈原虽然被流放在外，但仍然心系国家和人民，他依然对楚怀王忠心耿耿，希望有一天楚怀王能够迷途知返，采纳谏言，振兴国家。在此期间，他写下了大量的诗作，如"路漫漫其修远兮，吾将上下而求索""亦余心之所善兮，虽九死其犹未悔"等，表达了忧国忧民、忠君爱国的伟大情怀。后来，秦军攻陷国都，楚国灭亡。屈原并没有向秦国屈服，而是投到汨罗江中，以身殉国，以死明志。后世为了纪念这位伟大的爱国诗人，将他投江的那天——农历五月初五，作为端午节。

李白有诗赞曰："屈平词赋悬日月，楚王台榭空山丘。"屈原是我国历史上第一位伟大的爱国诗人，他以赤诚之心，与国家和百姓同呼吸、共命运，将自己对国家无比热爱之情，化为一篇篇千古诗作，成就了不朽的人格魅力，铸就了伟大的爱国主义精神的丰碑，成为忠于国家、热爱国家、报效国家的典范。

文天祥赤诚为国

文天祥，字宋瑞，号文山、浮休道人，我国南宋末期著名的政治家、文学家、民族英雄，因抵抗元朝、保家卫国，与当时抗元名臣陆秀夫、张世杰齐名，并称"宋末三杰"。有《过零丁洋》《正气歌》等流传千古的著名诗篇。

文天祥自幼好学，青年时学识渊博，21岁时，考中进士，名列第一，成为状元。他因为人正直，讥讽奸相贾似道，遭到贬斥，心灰意冷后，辞官回乡度日。

南宋末年，皇帝昏庸、奸臣当道、危机四伏，蒙古大军压境，国家处于风雨飘摇之中。在国难当头之际，文天祥挺身而出，他散尽家财，招募军队，积极准备抵抗元军。但此时的南宋王朝已病入膏肓，文天祥一介书生，难以力挽狂澜，因此屡战屡败，最终兵败被俘。南宋灭亡后，元世祖忽必烈很欣赏文天祥的人品才华，希望他投降元朝，为自己效力，便命令降将张弘范劝降文天祥，并将他押解到元大都去。在去大都途中，过零丁洋时，张弘范费尽口舌，文天祥不为所动，写了一首名为《过零丁洋》的诗，以表明心迹：

　　　　辛苦遭逢起一经，干戈寥落四周星。

　　　　山河破碎风飘絮，身世浮沉雨打萍。

　　　　惶恐滩头说惶恐，零丁洋里叹零丁。

　　　　人生自古谁无死？留取丹心照汗青。

全诗表现了文天祥忠于国家、视死如归的爱国情怀和舍生取义、宁死不屈的民族气节。张弘范读后，敬佩无比、羞愧不已，不再劝文天祥投降。文天祥被押解到大都后，关进了大牢，受尽百般折磨，但他坚贞不屈，拒不降元。元世祖忽必烈多次派重臣劝降，都被文天祥断然拒绝，后来亲自劝降，并许以一人之下、万人之上的宰相高位。文天祥依旧不为所动，他义正词严地说："自古以来，忠臣不事二主。我又怎么能够投降呢？现在国家亡了，我只求一死以报国家。"忽必烈知道文天祥绝不会投降，惋惜不已，下令将他处死。刑场上，文天祥向南方拜了几拜，然后英勇就义，以身殉国。正如他在《扬子江》一诗中所写："臣心一片磁针石，不指南方不肯休。"赤诚爱国豪情，光耀神州大地，流芳千秋万古。

"孔曰成仁，孟曰取义，惟其义尽，所以仁至。"这是文天祥就义前的绝笔词。他一生忠于国家和民族，将自己的命运与国家和民族的命运紧密相连，表现出了坚贞不屈，誓与国家和民族共存亡的伟大爱国主义情怀。"人生自古谁无死？留取丹心照汗青"这是文天祥一生热爱国家、忠于国家的生动写照，也激励着后世为救国救民而不懈奋斗的诸多仁人志士。

陆秀夫殉国守义

陆秀夫，字君实，我国南宋末期著名的政治家、民族英雄，与当时抗元名臣文天祥、张世杰齐名，并称"宋末三杰"。

陆秀夫自幼聪慧无比，读书刻苦，老师也认为他将来必成大器。陆秀夫为人低调、性格沉静、才思俊丽，青年时与文天祥同榜考中进士。陆秀夫受到朝中大臣李庭芝赏识，举荐他在朝中为官。当时的皇帝宋度宗昏庸无能，奸臣当道，朝政昏暗，在蒙古大军的进攻下，南宋王朝已是日薄西山。1276年，元军攻占南宋都城临安，俘虏年仅5岁的恭帝，南宋灭亡。陆秀夫、文天祥、张世杰等南宋大臣不甘臣服于蒙古人的统治之下。同年，他们拥立了宋度宗庶长子、年仅7岁的赵昰在福州即位，史称宋端宗，建立小朝廷，以图东山再起，恢复汉人江山。1278年，年仅9岁的宋端宗在逃亡途中屡受颠簸，在惊病交加中病逝。同年，陆秀夫、张世杰等又立宋度宗的第三子、年仅6岁的赵昺在广东新会即位，史称宋少帝。这时，他们已是无力回天，只是苦苦支撑而已。

1279年3月，崖山之战失败，南宋最后一点希望破灭，陆秀夫与宋少帝被困崖山，陷入绝境。陆秀夫誓不降元，他担心自己和宋少帝被俘受辱，决定以身殉国。当元军发起最后的进攻时，陆秀夫跪下，对宋少帝赵昺说："现在国家已经到了这个地步，绝不能投降受辱，陛下与臣应该为国家而死！"说完背起年仅7岁的宋少帝，跳入大海，以身殉国。相传，当时不愿投降，投海殉国的南宋军民达十万之众。这是历史上最为悲壮的一幕。

"天地英雄气，千秋尚凛然。"陆秀夫虽为一介文弱书生，但他忠于国家、勇赴国难，与国家共存亡的刚烈忠义之行，足以令天地动容；其殉国守义的浩然正气，足以名垂青史。这种忠于国家的豪情、舍生取义的气节、宁死不屈的骨气，成为中华民族爱国主义精神的永恒符号与象征。

史可法以身殉国

史可法，字宪之，号道邻，我国明末著名的政治家，抗清名将、民族英雄。

史可法青年时以孝顺父母而闻名乡里，拜"东林六君子"之一左光斗为师。崇祯元年，史可法考中进士，先后在地方、朝中任职，他为人刚直，为官清廉，在朝中和民间口碑很好。1644年，闯王李自成攻陷都城北京，崇祯皇帝朱由检在煤山上吊殉国，明朝灭亡。同年，明朝残余力量在南京拥立福王朱由崧为帝，年号弘光，建立了小朝廷，史称"南明"。南明政权建立后，弘光帝昏庸无能、不思进取，朝中文武大臣钩心斗角、争权夺利、党争不断。史可法多次劝谏弘光帝，希望皇帝能振作精神，积极进取，收复故土，然而弘光帝沉迷于玩乐，无心政事。史可法失望之极，便要求上前线抗清，杀敌报国。

史可法坐镇扬州指挥抗清，他治军严明，与士兵同甘共苦，深受将士们的爱戴，士兵们都尊称他史督师。1645年，清军打败李自成后，大举南下，企图灭掉南明政权，一统天下。清军很快包围了扬州城，史可法率扬州军民誓死抵抗，他还给母亲和妻子写下了遗书，誓与扬州城共存亡。清军将领豫亲王多铎多次派使者劝降，史可法拒不投降。多铎恼羞成怒，下令强攻，扬州军民在史可法带领下，坚守数日，但寡不敌众，扬州城沦陷。当潮水一般的清军涌进城时，史可法悲愤万分，准备拔剑自刎，以身殉国，被手下将领拦住后不幸被俘。多铎认为史可法人才难得，亲自劝降，一连数日，史可法毫不动摇。多铎见此，知道史可法是个忠臣，不可能投降，就假惺惺地说："我敬佩您是位忠臣，既然不投降，那就成全您吧！"史可法大义凛然地说："我早将生死置之度外，誓与扬州城共存亡，以报效国家，哪怕碎尸万段，也心甘情愿。"说完从容就义，以身殉国。多铎恼羞成怒，下令屠城十日，史称"扬州十日"。

著名作家、革命烈士郁达夫先生写题为《史公祠有感》的诗赞道：

三百年来土一丘，史公遗爱满扬州。

二分明月千行泪，并作梅花岭上秋。

"数点梅花亡国泪，二分明月故臣心"，这副楹联是清代诗人张尔荩对这位大英雄爱国精神的高度赞颂。史可法这种头可断、血可流，宁为玉碎、不为瓦全的浩然正气，以及忠于国家、义无反顾、誓死不降的爱国主义精神，可谓感天地、泣鬼神。他的事迹和精神感召着近代无数的仁人志士，为国家和民族独立而奋斗。

夏完淳舍生取义

夏完淳，别名复，字存古，号小隐，我国明朝末期杰出的爱国诗人、著名的抗清志士。

夏完淳自幼聪慧，7 岁就能写诗文。他的父亲夏允彝是位江南名士，也是一名爱国人士，老师陈子龙是位抗清将领。夏完淳深受父亲和老师的影响，自幼立志报国，14 岁就从军抗清。

清顺治二年，南明弘光政权灭亡，江南官员士绅纷纷向清廷投降。夏完淳和父亲夏允彝、老师陈子龙毅然扛起抗清大旗，真可谓"时危见臣节，世乱识忠良"。同年，夏允彝在江南领兵与清军激战，兵败后自杀殉国。夏完淳惊闻父亲殉国的噩耗，悲痛万分，更加坚定了抗清救国的决心，与老师陈子龙继续抗清。但此时，清朝统一全国已是大势所趋，陈子龙、夏完淳所率义军终因寡不敌众，兵败被俘。老师陈子龙在押送过程中，乘机投水殉国。一同被捕的还有夏完淳的岳父钱旃，夏完淳在狱中谈笑自若，与岳父互相鼓励，誓不降清，还写下了著名的诗篇《别云间》，表达了忠于国家、视死如归、救国救民的决心。其诗为：

> 三年羁旅客，今日又南冠。
>
> 无限山河泪，谁言天地宽。
>
> 已知泉路近，欲别故乡难。
>
> 毅魄归来日，灵旗空际看。

清政府多次派官员劝降，夏完淳不为所动。后来，又派降将洪承畴劝降，夏完淳机智勇敢，与洪承畴斗智斗勇，讽刺挖苦其为清廷做走狗。洪承畴恼羞成怒，上报清廷，判处死刑。1647年，夏完淳英勇就义，年仅17岁。我国近代著名民主人士、诗人柳亚子先生作诗《题〈夏内史集〉》高度赞扬这位爱国英雄。其诗为：

> 悲歌慷慨千秋血，文采风流一世宗。
>
> 我亦年华垂二九，头颅如许负英雄。

"处处山河泪，篇篇烈士心。"夏完淳年纪轻轻就英勇就义、为国捐躯，成为我国近代革命志士心中的榜样。他的爱国诗文和爱国精神是留给后人最宝贵的财富。他忠于国家、慷慨赴死，表现出崇高的爱国精神和大义凛然的民族气节，为后世楷模。"少年强则国强"，这种少年英雄的品格，在社会主义新时代的今天，必将激励着青少年为了美好理想而奋勇前行，为实现中华民族伟大复兴的中国梦而努力奋斗。

诚信做人

孔子说："人而无信，不知其可也。"自古以来，先贤就将"以德立身、诚信做人"作为"修齐治平"的重要准则之一，儒家经典中也有许多相关的重要论述。诚信做人，成为后世社会各阶层人士修身立德、为人处世的基本准则。在现实社会中，诚信做人，是一个人在社会生活中为人处事的最基本的原则，也是社会生活中普遍适应的法则。一个人如果不讲诚信，就无法得到他人的信任，更难以立足于社会。

诸葛亮开诚布公

诸葛亮，字孔明，号卧龙，我国东汉末、三国时期杰出的政治家、军事家、文学家、发明家，蜀汉丞相。被后世视为智慧的化身、千秋贤相的典范。其文章《出师表》《诫子书》等，都是家喻户晓、千古流传的不朽篇章。

刘备三顾茅庐时，诸葛亮在隆中为刘备制定了占据荆、益二州，成就霸业，三分天下，联吴抗曹，兴复汉室的战略目标。诸葛亮出山后，君臣同心，刘备对他信任有加，他尽心辅佐、出谋划策，终于建立了蜀汉政权，基本上实现了三足鼎立的战略目标。汉中之战胜利后，刘备的事业达到顶峰，但在与孙吴政权的夷陵之战中，一败涂地，丧失了来之不易的大好局面。刘备逃到白帝城，生命垂危，临终前将太子刘禅托孤于诸葛亮，并诚恳地对诸葛亮说："您的才能胜过魏帝曹丕十倍，太子如果成才，您就尽心辅佐他，如果不成才，您就取代他吧！"诸葛亮听后，表示要竭尽全力辅佐刘禅，刘备令刘禅视诸葛亮如同自己一样，称为"相父"。

刘备病逝后，诸葛亮忠心耿耿，竭力辅佐刘禅，治理国家。他派使者与孙权重新修好，又率军南征，七擒七纵，收服蛮族首领孟获，平定大后方，巩固了政权。接着向刘禅上书，表示要继承先主刘备遗志，北上伐魏，为兴复汉室而"鞠躬尽瘁、死而后已"。诸葛亮不仅是这样说的，而且是这样做的，他不辞辛劳，先后多次出兵伐魏。诸葛亮治军理政公正合理，不徇私情。有人劝他晋爵称王，被他严词拒绝。他非常欣赏马谡，但在进军时，马谡违反军纪，失掉街亭，他挥泪斩马谡。诸葛亮为完成刘备兴复汉室的遗志，呕心沥血，积劳成疾，在最后一次伐魏途中，病逝于岐山县五丈原，兑现了他在前《出师表》中"鞠躬尽瘁、死而后已"的铮铮誓言。

《三国志》中讲："诸葛亮之为相国也，抚百姓，示仪轨，约官职，从权制，开诚心，布公道。"诸葛亮诚意待人，坦荡无私，治理国家公正无私，诚信待民，不愧为千秋贤相。刘备对诸葛亮推心置腹，诸葛亮对刘备忠心耿耿，诚信铸就了君臣同心的千秋佳话。

羊叔子德信守边

羊祜，字叔子，我国西晋初期杰出的战略家、政治家、军事家，西晋王朝的开国元勋之一。

羊祜出身于名门世家，祖上多人在朝廷担任要职，家世十分显赫。羊祜为人真诚坦荡，为官清正廉洁，品行高洁，文武双全，博学多才，毫无世家公子的骄奢之气，是当时难得一见的人才。

晋武帝司马炎建立西晋王朝后，国家没有完全统一，东南一带的孙吴政权凭借长江天堑，苟延残喘。西晋王朝刚建立不久，晋武帝司马炎就开始筹划消灭孙吴政权、统一天下的方略，他调任羊祜到荆州负责军事和防务。荆州是西晋与吴国边境地，情况比较复杂，羊祜到任后，采取怀柔政策，与吴国人开诚布公、互相信任，以稳定边疆。每次和吴国军队交战，羊祜必先约定好日期，不搞突然袭击。交战后，俘虏了吴国士兵，就会放他们回家。吴国百姓在边界狩猎时，猎物落到西晋境内，就令人送给狩猎的百姓。羊祜的军队在吴国境内行军时，踩坏了百姓的禾苗，就会照价赔偿。这样一来，吴国边界的百姓对羊祜心悦诚服，不愿直呼其名，称羊祜为羊公。

当时与羊祜对峙的是吴国名将陆抗，两人互相敬佩，惺惺相惜。有一次，陆抗病了，羊祜得知后，派人送来药物。吴国将士们担心有毒，陆抗却说："羊祜德高望重，以德信服人，怎么会下毒害我呢？"说完就把药吃了，不久陆抗的病果然好了。吴国皇帝孙皓听说陆抗与羊祜相互诚实守信、关系友好，就派使者责问。陆抗说："邻里之间，都要讲信用，何况是国家之间呢？我作为吴国将领，如果不讲信用，只会宣扬羊祜的德信，让天下人嘲笑吴国。"后来，羊祜病逝，西晋举国悲伤，就连吴国的将士和百姓们听说后，也无不悲伤落泪。为了纪念羊祜，百姓们自发在羊祜生前喜欢游览的岘山建庙立碑，人们一看到石碑，都会感念羊祜的德信人品，无不伤心落泪，这就是闻名后世的"堕泪碑"。

《论语·为政》云："为政以德，譬如北辰，居其所而众星共之"，诚实守信是一种大德，也是一种能够让天下人归心的人格魅力。羊祜修德讲信，为人正直，忠贞坦诚，品德高尚，以德服人，他凭借自己的人格魅力使吴国将士和百姓们心悦诚服，成就了一段千秋佳话。

王羲之坦诚得妻

王羲之，字逸少，曾担任右军将军一职，故人称"王右军"，我国东晋时期著名的大书法家，被后世尊为"书圣"。他的代表作《兰亭序》，被后世书法家一致推崇为"天下第一行书"。

山东琅琊王氏是东晋时期的名门望族，与河南陈郡谢氏齐名，合称"王谢"，唐代大诗人刘禹锡《乌衣巷》诗云："旧时王谢堂前燕，飞入寻常百姓家"，诗中的"王谢"指的就是东晋时期的王谢两大世家。王羲之虽出身于世家大族，但身上毫无世家公子的骄奢、浮华之气，他学习书法更是异常勤奋，练完书法后，常在池边洗砚台，久而久之，池水变黑，世人称为"墨池"。

王羲之为人坦诚率真，毫不矫揉造作，年少时，在书法方面就有很高的成就。当时的郗氏家族也是世家大族，家主郗鉴担任太尉一职，身份地位十分显赫，也是当时著名的书法家。郗鉴有个女儿叫郗璇，知书达理、才貌双全，郗鉴视为掌上明珠。郗璇到了婚嫁的年龄，郗鉴想为自己的宝贝女儿找一个门当户对的青年才俊做女婿。王家与郗家门当户对，子弟又多，郗鉴派管家去王家，准备为自己的女儿选一位如意郎君。王家子弟们听说郗鉴的女儿知书达理、才貌双全，郗鉴又担任太尉一职，位高权重，现在派人来选女婿，都精心打扮一番，希望自己能被选中。当时是夏天，王家子弟们丝毫不怕炎热，他们穿戴整齐、风度翩翩，紧张地等待着，只有王羲之一如平日、神情自若，漫不经心地躺在东边床上，袒露着肚皮在读书。郗家管家来到王家后，王家子弟们都很热情，只有王羲之依然如故。

郗家管家回去后，向郗鉴汇报说："王家的公子都很好，他们听说老爷派人来选女婿，都打扮得风度翩翩，只有一位公子在东边床上露出肚皮看书，对此毫不关心。"郗鉴大喜说："这正是我女儿的佳婿啊！"后来就把女儿嫁给了王羲之，这就是"东床快婿"的著名典故。王羲之的妻子郗璇也是一位书法家，他们的婚姻尽管是"父母之命、媒妁之言"的政治联姻，但他们志趣相投，生活倒也幸福美满。

一诚天下无难事，诚实做人是事业成功、生活幸福、人生圆满的基础。"遥知北海招嘉客，共贺东床得好姻。"郗鉴之所以选中王羲之做女婿，他所看重的正是王羲之为人诚实、真诚、坦率、不矫揉造作的高尚品德，王羲之也因此成为人生的赢家。

范仲淹信守秘方

范仲淹，字希文，我国北宋时期杰出的政治家、思想家、军事家和文学家，在宋仁宗年间主持推行了著名的"庆历新政"改革。他的代表作《岳阳楼记》是流传千古的名篇佳作，其"先天下之忧而忧，后天下之乐而乐"的古仁人思想对后世产生了深远的影响。

范仲淹幼年丧父，母亲改嫁后，4岁那年随母亲和继父一起生活，童年饱受艰辛。后来知道身世后，离开继父家庭，自立门户，日子更加艰难。有道是"艰难困苦，玉汝于成"，困难并没有使范仲淹退缩，反而锻炼了他、成就了他。范仲淹在艰苦的环境中，刻苦学习，26岁时考中进士。范仲淹是历史上少有的"文能提笔安天下，武能上马定乾坤"的杰出英才，他文能治国、武能安邦，在政治、文学、教育方面都有很突出的贡献。范仲淹还指点过张载，张载受到启发后，研读儒学，成为一代大儒，还创立了关学。

范仲淹的人品与学问受到当时及后世名人的一致推崇，他为人忠信刚直、宽厚仁爱，在民间流传着他信守秘方的事迹。相传，范仲淹在应天府书院求学时，由于学习勤奋、品德高尚，得到一位李先生的资助。范仲淹对此心怀感激，一直想报答。有一年，范仲淹准备进京赶考，李先生突然身患重病，临终前把一个用火漆封得严严实实的包裹交给范仲淹，说："这里面是我家传的秘方，千金难买，现在我不行了，你把它交给我的儿子吧！"范仲淹郑重答应，他料理完李先生后事，就出发了。在进京途中的一个荒无人烟的地方，突然有劫匪逼迫范仲淹交出秘方。范仲淹逃到沟壑边，走投无路，便顺坡滚了下去，幸亏被半坡树枝挡住，才幸免于难。三年后，范仲淹历尽千辛万苦，终于找到了李先生的儿子，将秘方完整无缺地交给他。

俗话说："受人之托，忠人之事。"诚实守信，是一个人立身处世之本。李先生将千金难买的秘方托付给范仲淹，看重的正是范仲淹的人品。范仲淹不负所托，信守诺言，甚至不惜生命也要保护好秘方、兑现诺言，他历尽艰辛，终于完成使命。他后来所取得的辉煌成就，与他为人诚恳，诚实守信的品格密切相关。

晏殊诚实受重用

晏殊，字同叔，我国北宋时期著名的政治家、散文家、词人，他的第七个儿子晏几道也是一位著名词人，父子二人被称为"大晏"和"小晏"，与著名文学家欧阳修并称"晏欧"。

晏殊自幼聪慧无比，读书过目不忘，7岁就写得一手好文章，14岁就考中了进士，有"神童"的美誉。晏殊不仅学问好，人品也很好，他为人诚实守信，为官清廉，生活简朴，很受当时人的敬重。

晏殊在殿试时，与一千多名进士同场考试，他才思敏捷，其文章在众多文章中脱颖而出。皇帝宋真宗见他小小年纪，才思不凡，非常高兴，就召见他，并大加赞扬。晏殊说："陛下，这些题目都是我做过的，请换一个考题吧！"结果换一个考题，当堂考试后，晏殊的文章依然字字珠玑、妙笔生花。宋真宗既欣赏他的才华，更看重他诚实守信的人品，便让他在朝中为官。

有一次，宋真宗想为太子物色一位老师，觉得晏殊很合适。大臣们都觉得晏殊比太子大不了几岁，不适合做太子的老师。宋真宗说："我听说散朝后，大臣到处游玩，参加宴席，只有晏殊在闭门读书，与兄弟们谈论学业，只有像他这样品学兼优的人，才能胜任太子的老师啊！"晏殊听后，赶忙说："我听了陛下的话很惭愧，我并不是像陛下说得那么好，其实我也喜欢游玩、宴饮，只是没有钱罢了。"宋真宗听后，笑着说："让你这样诚实质朴的人做太子的老师，我才放心呀！"于是，便任命晏殊为太子的老师。在晏殊的精心培育下，太子后来成为历史上的明君，他就是宋仁宗。

《礼记》中讲："不宝金玉，而忠信以为宝。"诚信是事业的起点，是成功的基石。晏殊不计个人得失，以诚信为宝，赢得了宋真宗的信任和重用，后来官居宰相。他的诚信和德行影响了许多同僚，造就了一大批北宋名臣。

诚信齐家

诚信作为中华民族的传统美德之一，备受历代大儒推崇，并将其贯穿到修身、齐家、治国、平天下之中，成为历代名门望族家风家训的重要组成部分。古人讲："爱子，教之以义方。""义方"就是道义，诚实守信属于道义的范畴，也是我国古代家庭道德教育的重要内容之一。著名家训"忠厚传家久，诗书继世长"，意思是说做人要忠信厚道、诚实守信，饱读诗书、刻苦学习，家族才能兴旺发达、经久不衰。这一条著名家训强调了诚信齐家的重要性，为后世名门望族所推崇。

田稷母教子改过

田稷，我国战国时期的政治家，齐国人，他学识渊博、才华卓著，深得齐宣王信任，因此担任齐国丞相一职。

田稷自幼与母亲相依为命，非常孝顺，在齐国做官后，对母亲是言听计从。齐国在当时是一个大国，与秦、楚、燕、赵、魏、韩并称为"战国七雄"，民富国强、实力雄厚。田稷刚担任齐国丞相时，巴结奉承的人很多，这些人还带来许多贵重的财物，名为祝贺，实为行贿。田稷心想有了这些财物，母亲可以过好日子了。加之当时正是意气风发时，所以他来者不拒，统统收下，并用车将这些财物运到家中。田稷回到家中，便急不可待地向母亲问安，并拿许多金子孝敬给母亲，以报答母亲的养育之恩，还得意地说："这些金子是儿子孝敬您的，儿子现在官居齐国丞相，您以后可以过好日子了。"

田稷的母亲非常贤惠，教育儿子十分严格。她见此心生疑虑，严肃地说："你为官这么多年，俸禄不高，现在刚当上相国，怎么会有这么多的金子？这些金子是哪里来的？是国君赏赐的？还是受贿得来的？"田稷支支吾吾，无言以对。田母心下明白，生气地说："我平时是怎么教导你的？做人要诚实守信，品行高洁。你现在位高权重，应该处处以国家百姓为重，不义之财不可取，不义之事不能做，这就是对我最大的孝敬了。你今天为了私利，取不义之财、做不义之事，便是欺骗国君，欺骗百姓，欺骗自己的良心，这难道是孝心吗？我没有你这样的儿子!"田稷听了母亲的话后，羞愧万分，恍然大悟，立即退还了财物。

第二天在朝堂上，当着文武百官的面，田稷向齐宣王谢罪，请求处罚。齐宣王了解事情缘由后，对田母的道德风范赞赏不已，还说："有贤母必有贤相，田稷的母亲如此深明大义，寡人深感敬佩，让田稷继续担任丞相，我们齐国何愁国事不兴、吏治不清?"齐宣王不仅赦免了田稷，还赏赐给田母黄金和丝帛，以彰显其德行。田母认为母亲教育儿子是应尽的本分，臣子光明磊落、诚实守信是应尽的义务，因此婉言谢绝。自此以后，田稷在母亲的教导下，砥砺修身、齐家治国、克己奉公，成为齐国的一代名相。

古训云，国有贤臣，不亡其国；家有良母，不败其家。父母是孩子的第一任老师，一个人的良好品格和习惯的养成，离不开父母的言传身教，良好的家庭教育是成才的关键。田母以诚信为本，廉洁齐家，教子改过，堪称家庭教育的典范。

乐羊子诚心改过

乐羊子是我国汉朝时期的人，他的妻子非常贤惠，知书达理，诚实善良，在街坊邻里中口碑很好。尽管家境贫寒，但日子过得其乐融融。

有一次，乐羊子和妻子去地里锄草，只有他母亲一人在家中。邻居家的一只鸡钻进乐羊子家中，乐羊子的母亲看见后，心想：儿子和媳妇对我很孝顺，为了这个家很辛苦，一年到头，连个荤腥都见不到。这只鸡不知道是谁家的，不如炖了给他们补补身体。于是，把那只鸡杀了，炖了一锅香喷喷的鸡汤。傍晚，乐羊子和妻子回到家后，吃饭时，看到一大锅香喷喷的鸡汤，感到很奇怪。家里养的鸡从来舍不得杀，要卖掉补贴家用。妻子就去鸡栏里数了一下，见鸡没有少，就问婆婆鸡是哪里来的。乐羊子的母亲如实回答。妻子听后对乐羊子说："咱们虽然家贫，但不能拿别人家的东西，邻居们的日子也很苦，都不容易啊！母亲是为了咱俩才犯错的，是好心办错事，咱俩应该替母亲诚心改过。"于是，在鸡栏中捉了一只最大的鸡，向丢失鸡的邻居真诚赔礼道歉。

又有一次，乐羊子出门在外，捡到一锭金子，认为是无主金子，正好可以改善家人的生活，心里很高兴。回到家后，把金子给妻子，妻子好奇地问："这锭金子是哪儿来的？"乐羊子如实回答。妻子认真地说："这不是君子的行为，不是我们的东西坚决不能要，现在失主肯定心里很着急，说不定等着急用了，怎么能因为贪图钱财，使他人处于困境呢？"乐羊子听了妻子的话很羞愧，于是在捡金子的地方等到失主，归还了金子。

后来，乐羊子在外地求学，时间长了，非常想家，就回家探亲。妻子正在织布，看到乐羊子后就用剪刀剪断正在织的布，乐羊子不解地问："布还没有织好，为什么要剪断呢？"妻子回答说："您学业还没有完成，为什么要回家呢？学业就像正在织的布匹一样，绝不能半途而废。"乐羊子恍然大悟，就离开家继续完成学业，终于学有所成。

《后汉书·列女传》中载乐羊子妻劝夫的话："志士不饮盗泉之水，廉者不受嗟来之食。"可谓掷地有声。乐羊子听从妻子劝告，诚心改过，成为一位道德高尚、学识渊博的人。俗话说："妻贤夫祸少，子孝父心宽"，乐羊子一家母慈子孝、妇唱夫随，其妻更是深明大义、诚信齐家的典范。

宋弘不弃糟糠妻

宋弘，字仲子，我国东汉初期光武帝刘秀的大司空，位高权重。但他为人正直厚道，为官清正廉洁，敢于直言进谏，尤其以重情重义、诚实守信而著称于世。

桓谭是当时著名的哲学家、经学家、琴师、天文学家，非常有才华。宋弘就向光武帝举荐桓谭，并叮嘱他说："我推荐您，是希望您能辅佐陛下把国家治理好，而不是让您以琴技讨陛下欢心的，希望您能谨记。"桓谭郑重其事地答应了。光武帝得知桓谭琴技高超，多次让桓谭弹琴。宋弘知道后，生气地对桓谭说："您答应我要辅佐陛下治理国家，您竟然天天给陛下弹琴作乐，怎么能不守承诺呢？"后来，光武帝大宴群臣，让桓谭弹琴助兴。宋弘犯颜直谏，要求治桓谭失职之罪，治自己举荐不当之罪。光武帝恍然大悟，从此不再让桓谭弹琴助兴。

　　光武帝刘秀的姐姐湖阳公主出嫁后，驸马早逝，30岁出头就守寡了。刘秀一直想给姐姐在大臣中物色一位驸马，但不知道姐姐中意谁。有一次，湖阳公主进宫看望弟弟，刘秀乘机想知道姐姐的想法，就让湖阳公主评价朝中大臣。湖阳公主说："大司空宋弘才德兼备，相貌和品德都远在众位大臣之上。"刘秀敬佩姐姐眼光，知道姐姐有意嫁给宋弘。刘秀以为姐姐贵为公主，许多人都高攀不起，宋弘肯定会同意这门婚事的。于是他自信满满地召宋弘进宫，准备撮合姐姐和宋弘，还让湖阳公主躲在屏风后。君臣二人见礼后，寒暄了一会儿，刘秀说："宋爱卿，朕常听人说，地位高了就要换朋友，富贵了就要换妻子，这是合乎人情的吧！"宋弘听后，虽然诧异，但他毅然正色说道："不对，我听到的是这样的，贫穷时候的朋友不可以忘记，共同患难的妻子决不能抛弃。"宋弘退下后，刘秀失望地对姐姐说："这件事情，看来是办不成了！"湖阳公主见此也不好再说什么。

　　"贫贱之交不可忘，糟糠之妻不下堂。"宋弘因正直无私、清正廉洁、不畏权贵、不趋炎附势、攀龙附凤，受到人们的敬重。古人讲："夫有义，妇有德"，夫妻之情是家庭伦理中最重要的感情之一，处理好夫妻关系是齐家的重要内容。宋弘最难能可贵的是他对自己共同患难的妻子重情重义、不离不弃，恪守了夫妻间的道义，成为后世学习的典范。

陈君贤教子以信

陈君贤是我国东汉明帝时期人，家住庐州府（今安徽省安庆市）陈家村，他为人诚实，助人为乐，以善于教子而为世人所知。

有一天，陈君贤有事外出，他12岁的小儿子陈爵就与小伙伴陈挺相约一起去湖边玩耍。两人玩累了，陈挺提出要比赛钓鱼，准备晚上烤着吃。陈爵没有带鱼竿，就跑回家去取，不一会儿带着鱼竿来到湖边，这时陈挺钓了好几条鱼。陈爵好胜心强，很不服气，就换了个地方钓鱼。正当陈爵聚精会神钓鱼时，发现水中有一个金灿灿的罐子，感到非常好奇，于是就下到水中打算搬上来。陈爵用尽力气，怎么也搬不动，就喊陈挺帮忙，两人费了九牛二虎之力，终于搬了上来。打开一看，大吃一惊，这个罐子是纯金的，里面装满了金币，怪不得那么重了。于是两人回到家中，告诉大人。陈爵回到家中，陈君贤已经回来，看到儿子手中拿着许多金币，大吃一惊，赶忙问明原因。陈君贤知道来龙去脉后，拉着儿子赶忙向湖边飞奔而去。

父子俩来到湖边，见到村里的人都在湖里打捞金币。陈君贤问陈爵："儿子，你说这里的湖是朝廷的还是咱们家的？"陈爵不假思索地说："那还用问，自然是朝廷的！"陈君贤又问："那湖里的金币呢？"陈爵想了想说："这里的湖是朝廷的，湖里的金币当然也是朝廷的！"陈君贤接着又问："那我们应该把金币据为己有，还是交给官府呢？"陈爵回答说："金币既然是朝廷的，就应该交给官府呀！"陈君贤高兴地说："你真是个懂事的孩子呀，做人要诚实，不是自己的东西，再贵重也不能要，不能因为这些金币而昧了良心，忘记了做人的道理啊！"于是就劝乡亲们将捞到的金币全部交给官府。后来，汉明帝知道这件事后，非常高兴，专门下了一道诏书表彰了他们。

《三字经》中讲："窦燕山，有义方。教五子，名俱扬。"教育子女成才是齐家的重要内容之一，父母的言传身教对子女的成长有重要的影响。陈君贤教育儿子，注重方法和品德，他言传身教，以诚信教子，是值得人们学习的。

刘廷式守信娶妻

刘廷式，字得之，我国北宋时期的进士，齐州（今山东省济南市）人，曾担任过齐州通判。

刘廷式家境贫寒，但他聪颖好学，读书十分刻苦。青年时，父母按照当地习俗，为他定了一门亲事，姑娘也是同村人。不久，刘廷式上京赶考，考中了进士，皇帝还授予官职，从此鱼跃龙门，身份地位发生了变化。恰在这个时候，刘廷式的未婚妻双目因病失明，成了盲人。朝中达官显贵知道后，见刘廷式人品端正、才华横溢、风度翩翩、前途无量，都想把女儿嫁给他。未婚妻的父母，自知女儿配不上刘廷式，不再提这门婚事，乡亲们都认为刘廷式会另娶他人，惋惜不已。刘廷式的母亲也认为儿子做了官，娶个盲人做妻子，有失体统，劝刘廷式把这门亲事退掉。

刘廷式认真地说："娘，您常常教导儿子做人要诚实守信，现在怎么能让儿子失信于人呢？何况当初我心里已属意于她，又怎么能因为她眼盲而辜负她呢？只要她愿意嫁给我，我就应该守约把她娶回家。"刘廷式说服母亲后，就按照当时的礼节，风风光光地将妻子娶回家。刘廷式悉心照顾妻子，非常体贴，毫不嫌弃。夫妻俩生儿育女、相敬如宾，日子过得幸福美满。几十年后，妻子因病去世，刘廷式悲痛不已，给妻子办完丧事后，仍然沉浸在丧妻之痛中，不能自拔。亲友们劝他续娶，被他断然拒绝。大文豪苏轼知道这件事后，敬佩不已，就写了一篇《书刘廷式事》的文章来赞颂他。

俗话说："十年修得同船渡，百年修得共枕眠"。夫妻之间最重要的是有情有义，互相信任，互相扶持，不离不弃。古人将夫妻关系作为人伦大道之一，是齐家的重要内容。刘廷式坚守婚约、甘娶盲妻，重情重义、忠贞不渝，与妻子不离不弃、白头偕老，时至今日仍然有感动人心的力量，是值得人们学习的榜样。

诚信处世

《论语·学而》云："为人谋而不忠乎？与朋友交而不信乎？传不习乎？"儒家学派将"忠"和"信"作为处世交友的行为准则，并融入中华优秀传统文化之中，成为中国人处世交往的基本准则。《论语·子路》篇中又讲道，"言必行，行必果"。诚信经过历史演变，不仅是处世的基本准则，而且上升到社会伦理道德层面，成为一种处世交往的社会公德。

张良守信拜师

张良，字子房，西汉王朝的开国功臣，我国秦末汉初杰出的政治家、谋士，与韩信、萧何并称为"汉初三杰"。他是战国时期韩国贵族后裔，因谋略超群，被后世尊为"谋圣"。

秦灭韩时，张良年少，家境富裕，经历了灭国之痛后，他对秦王政极度仇恨，重金招募刺客，企图刺杀秦王，以复国为己任。秦朝统一后，秦始皇出巡，张良雇了一位大力士，在博浪沙埋伏起来，伺机刺杀。这次刺杀失败后，秦始皇大怒，下令全国搜捕，张良改名换姓，逃亡到下邳（今江苏省邳州市）。

有一天，张良在桥上散步。突然迎面走来一位穿着粗布短衣的老人，故意把脚上的草鞋丢到桥下，还傲慢地对张良说："小子，去把我的鞋子捡上来！"张良很气恼，但见老人年事已高，就忍着气把鞋子捡上来。没想到老人伸出脚说："把鞋子给我穿上！"张良更气恼了，但还是忍着性子，给老人穿上鞋子。老人见张良给自己穿好鞋子后，就笑了笑转身离开了。张良感到这位老人非常奇怪，就看着他离开。没想到老人走不远，突然又转过头来招手示意他过去，张良跑过去。老人和蔼地说："我看你小子不错，是个可造之才，五天后天一亮，你在这里等我吧！"张良愈加好奇了，赶忙行礼后答应了。

五天后，天刚亮，张良就赶到桥上，但老人已等候多时。老人生气地说："现在天已经大亮了，你这个年轻人怎么不守信用呢？和老人约会怎么会迟到呢？五天后再来见我！"说完就走了。五天后，鸡刚叫，张良就赶快跑到桥边，没想到老人又先到了。老人生气地说："年轻人怎么能这样呢？一再失信，鸡已经叫了三遍了才来，这样下去会有什么出息呢！五天后再来吧！"张良很羞愧，不断向老人道歉。第五天的半夜，张良就去桥上，老人没来，张良很高兴，就耐心等待。过了好一会儿，老人才来，他高兴地说："这样才好嘛！年轻人要干大事，就必须信守承诺！"说完后，拿出一本书给张良，说："你认真研读这本书，将来可以做皇帝的老师，成就大业。"老人走后，张良仔细一看，原来是《太公兵法》。张良从此认真研读，最终辅佐刘邦推翻了秦朝，建立了西汉王朝，成为一代帝王师。

《史记·高祖本纪》中载，汉高祖刘邦说："夫运筹策帷幄之中，决胜于千里之外，吾不如子房。"张良超群的谋略和智慧，不仅得到汉高祖的高度肯定，而且为后人所敬佩。张良的成就离不开尊敬老人、诚实守信的优秀品格。

韩信千金践诺

韩信是我国西汉初期杰出的军事家、战略家，开国元勋。他与张良、萧何并称为"汉初三杰"，是一位被誉为"国士无双""战必胜，攻必取"的常胜将军。尤其是"韩信点兵，多多益善""明修栈道，暗度陈仓"等历史典故，更是家喻户晓、妇孺皆知。

韩信幼年家境贫寒，喜读兵书，立志做一位大将军。他常常因吃不上饭，就到离家不远的河边钓鱼，卖钱度日，运气好一点，可以钓到鱼，差一些就只能饿肚子。每当韩信饿肚子时，常在河边洗衣服的一位好心的大娘总会带些饭给他吃。韩信很感激，有一次，他吃完饭后，认真地对大娘说："大娘，您对我的恩德，我铭记于心，将来飞黄腾达了，一定会报答的。"大娘听了后，生气地说："我难道是为了让你报答我，才送饭给你吃的吗？好男儿志在四方，而你作为七尺男儿，却不能养活自己，我是因为同情你才帮助你的，不指望你报答。"韩信听了，既感动又羞愧，把大娘的话和自己的承诺牢记在心中，不断鞭策自己。

时光荏苒，许多年过去了，韩信追随汉高祖刘邦推翻了秦朝，建立了西汉王朝，成为闻名天下的大将军，还被刘邦封为齐王，身份显赫。韩信一直没有忘记大娘的恩德，也没有忘记对大娘的承诺，特意回到家乡看望，还送上千金来报恩，兑现自己的诺言。此时，大娘已经垂垂老矣，她谢绝了千金，只是把韩信的赏赐分给乡亲们。

古语说："滴水之恩，当涌泉相报。"扶危济困、知恩图报是中华民族的传统美德。韩信在困境中，大娘施以援手，不求回报，是一种美德；韩信飞黄腾达后，不忘恩情，信守承诺，一饭千金，知恩图报，也是一种美德。韩信践诺守信，一饭千金的事迹成为千古美谈。

鉴真诚信弘法

鉴真，俗姓淳于，扬州人，我国唐朝前期著名的佛学家、外交家、翻译家和医学家，对中日文化交流做出了巨大贡献。

鉴真自幼出家为僧，勤奋好学，刻苦研读佛学典籍，还游历过洛阳、长安等地。鉴真不仅在佛学上有很高的造诣，在建筑、医药等方面也有较高的造诣。鉴真学有所成后，在扬州大明寺讲授佛学，名气很大。此时的日本政府正在推行"大化改新"，学习唐朝的政治制度和文化，还派遣唐使和大批留学生来中国学习，一些僧人也随船队来到中国，他们被称为留学僧。

公元742年，日本留学僧荣睿、普照非常仰慕鉴真，就来到扬州大明寺，恳请鉴真东渡到日本传授佛学。鉴真为了弘扬佛法、传播中华优秀文化，欣然答应了他们的请求。在当时没有政府支持，仅凭民间力量扬帆出海是非常困难的，当时唐朝政府对民间出海有严格限制。他们不仅要面临不可预知的风浪，还要面对官府的层层盘查。但鉴真东渡的决心坚定不移，他排除万难，在公元743年至754年十余年间，先后六次东渡，几经生死，以至于双目失明，第六次终于成功东渡日本，这时他已66岁了。鉴真东渡日本，受到日本上到天皇、下到平民举国上下的盛大欢迎。他在日本生活了十年，他带去了大量的书籍、佛经，还把中国先进的医药、建筑、雕塑等技术传到了日本。他传播了中华优秀文化，促进了日本佛学、医学、律法、建筑、雕塑等方面的进步，成为中日友好交流的见证。

郭沫若先生写诗赞道："鉴真盲目航东海，一片精诚照太清。舍己为人传道艺，唐风洋溢奈良城。"鉴真东渡是中日友好交流史上的千秋佳话，他作为一名文化使者，重信守诺，不畏艰险，诚信弘法的精神值得人们永远学习。

范式千里赴约

范式，字巨卿，我国东汉时期名士，他以品德高尚，待人以诚、交友以信而闻名当时。

范式青年时在京城洛阳太学学习，与同在太学学习的张劭是好朋友。他们共同探讨学问，互相切磋，形影不离，情谊深厚。光阴似箭，在太学的读书生涯即将结束。有道是"相见时难别亦难"，分别时正是秋天，两人难分难舍。范式对张劭说："贤弟，不要悲伤！两年后的今天，我一定到你家拜访。"张劭这才转悲为喜，高兴地说："一言为定，到时我杀鸡宰羊，扫榻以待贤兄前来。"说完，两人便分手各自回家。

时光荏苒，两年一晃而过，又是秋风萧瑟时，很快到了两年前分别的这天。天还未亮，张劭就起来了，吩咐家人打扫院子，杀鸡宰羊，准备饭食，还去村口迎接范式。张劭在村口等到中午时，还不见范式的身影，于是回到家，请母亲先吃些饭。母亲感到奇怪，就问原因，张劭向母亲说明缘由。母亲感叹说："两年已经过去了，况且两地相距千里，范式恐怕已经忘记了吧！"张劭坚定地说："我范贤兄不是那样的人，他一定会来赴约的。"又去村口等待，太阳快落山时，家人催了几次让张劭回家，都被拒绝。忽然，一阵马蹄声传来，张劭远远望去，果然是范式，这时正是两人两年前分别的时刻。只见范式风尘仆仆、形容憔悴，张劭大吃一惊，问明原因。原来范式在赴约途中饮食不当，加之心急，生了病，耽误了时日，又怕张劭心急，病刚有起色就快马加鞭，前来赴约。张劭感动不已，老友久别重逢，非常开心，范式拜见张劭的母亲，大家都称赞范式重情重义、一诺千金。后来，张劭病重，临终前，托人向范式捎信，还叮嘱家人，范式来后再下葬。范式得到消息后，悲痛万分，再次千里赴约，守灵祭奠，送了老友最后一程。

先贤云："宽则得众，信则人任焉。"与朋友相交，贵在诚实守信。范式重情重义、言而有信，他铭记朋友之间的约定，两次千里赴约，留下了诚信交友的千秋佳话。

宋濂以诚处世

宋濂，字景濂，号潜溪，我国明朝初期著名的政治家、文学家、史学家，被明太祖朱元璋誉为"开国文臣之首"。他与高启、刘基（字伯温）并称为"明初诗文三大家"，主持编修《元史》。

宋濂自幼家境贫寒，酷爱读书，勤奋好学。明朝的书籍是雕版和活字印刷，价格昂贵，宋濂买不起书。当时藏书丰厚的多为富家大族，宋濂为了读书，就到几十里外县城藏书丰富的富家借阅。县城有个家中藏书颇丰的员外，他见宋濂为人诚实，勤奋好学，愿意把书借给宋濂。宋濂每次借书都约定好还书的时间，回家后就废寝忘食、夜以继日地抄书。到了约定还书的时间，就去县城还书后，又借来新书抄。这样日积月累，宋濂不仅学到了许多知识，还抄了好多书。

有一次，宋濂从县城借书回到家，天上下起了鹅毛大雪。因为约定借书三天，宋濂就抄起了书，不知不觉忘记了时间，到了晚上吃完饭，继续抄书。家里贫穷，没钱买木炭取暖，夜间更是寒气逼人，母亲心疼宋濂，劝他休息。宋濂却说："母亲，您不用劝我了，这本书约定只借三天，现在大雪封路，我想早点抄起来，按时归还人家，不能违背承诺，您去休息吧！"说完又继续抄书。三天后，大雪封路，家人劝他天晴了再还书，宋濂坚持要按时还书。员外见宋濂勤奋好学、诚实守信，从此不再限制借阅时间。城里藏书的人家听到这件事后，都乐意向宋濂借书，宋濂也因此成为一位学识渊博的人。

明朝建立后，宋濂成为明太祖朱元璋的大臣，与刘基都以文章闻名当时，并成为"一代文宗"。明太祖为了巩固皇权，设立锦衣卫监视大臣。宋濂为人诚实守信，为官清正廉洁。有一次，他邀请同僚在家中宴饮。第二天早上，明太祖召见他时问："宋爱卿，昨天喝酒了吗？"宋濂说："喝了。"明太祖接着又问："一起喝酒的是什么人啊？都吃了哪些菜？"宋濂一一如实回答。明太祖听后高兴地说："宋爱卿真是一位至诚君子呀！没有欺骗朕。"说完，拿出一张纸，上面详细写着宋濂所请客人的姓名、菜单、座次等。宋濂看后，大吃一惊，出了一身冷汗，如果说谎就犯了欺君大罪，是要杀头的。

古人讲："所谓君子者，言必忠信，而心不怨。"诚信处世，正是君子之道。宋濂不愧为至诚君子，他少时求学，信守约定，按时还书；成年为官，诚实守信，不欺君主。正是因为这种高尚的品德，使他成为学识渊博的人，还因此躲过了一场灾难。

诚信从业

《管子·乘马》云："非诚贾不得食于贾，非诚工不得食于工，非诚农不得食于农，非信士不得立于朝。"在我国古代士、农、工、商的"四民制"社会中，诚信从业，既是各行各业最普遍、最基本的职业道德规范，又是社会各阶层最普遍、最基本的职业行为准则。诚信从业，是人民安居乐业、社会和谐稳定、百业兴旺发达的重要的道德力量保障。

司马迁据实著史

司马迁，字子长，我国西汉时期伟大的史学家、思想家、文学家，他曾在汉武帝时期任太史令，因其伟大的史学成就，被后世尊为太史公、史圣、史学之父。他的巨著《史记》开创了纪传体通史的先河，列为"二十四史"之首，成为后世修史参考的蓝本和千秋典范。

司马迁出生于史学世家，祖先是周朝的太史，父亲司马谈是当时的太史令，家学渊源深厚。在浓郁的家庭文化氛围熏陶下，司马迁自幼苦读，青年时，曾拜董仲舒等当世大儒为师，游历四方，增长阅历，为后来完成这部伟大的史学巨著奠定了坚实的基础。他还立志要像孔子著

《春秋》那样，写一部传世之作。司马谈去世后，司马迁子继父业，担任太史令，开始着手著书。恰在这时候，祸从天降，司马迁因替李陵辩护触怒汉武帝，被关进监狱，又因缴不起赎罪钱，被处以屈辱的宫刑，身体上的痛苦和精神上的屈辱并没有压垮他。司马迁忍辱负重、发愤著书，在当时严峻的政治形势下，他发扬先秦时期史家秉笔直书的优良传统，本着实事求是的原则，以"究天人之际，通古今之变，成一家之言"为宗旨，历尽十几年艰辛，终于著成了光耀千秋的伟大巨著——《史记》。

　　《史记》以其不朽的史学和文学价值，被鲁迅先生赞誉为"史家之绝唱，无韵之离骚"。司马迁在写《史记》的过程中，始终弘扬秉笔直书的优良传统，坚持客观公正、实事求是的原则。在他的如椽巨笔下，假恶丑得以无情揭露，真善美得以歌颂赞扬，无名英雄得以青史留名。他非常同情项羽这位悲剧英雄，还揭露了汉高祖刘邦的虚伪和无赖行径。既肯定了汉武帝的丰功伟绩，又对他好大喜功、穷兵黩武进行直言不讳地批评。《史记》秉笔直书，犯了西汉统治者的忌讳，司马迁写成后，担心自己的心血付诸东流，因此没有公布于世，而是藏之名山，以待后世。直到汉宣帝时，政治清明，司马迁的外孙杨恽才把《史记》公之于世，这部伟大的史学巨著得以重见天日。此时，这位伟大的史学家已经逝世多年。

　　司马迁坚持实事求是的原则，不以个人喜好和得失而隐瞒历史真相，秉笔直书的精神得到后世学者的一致推崇和赞誉。西汉文学家扬雄赞扬司马迁是实录精神的第一人。东汉史学家班固也赞扬《史记》道："其文直，其事核，不虚美，不隐恶，故谓之实录。"正是这种不畏强权、实事求是、秉笔直书、据实著史的精神，为后世史家树立了千秋典范。

韩康卖药不二价

韩康，字伯休，我国东汉桓帝时期著名的隐士高人，以安贫乐道、淡泊功名利禄而著称于世。他三十多年来卖药度日、从不接受讨价还价，成为当时隐逸高士的典型代表。

韩康自幼饱读诗书，青年时就已满腹经纶、闻名当时。朝廷多次征召他入朝为官，由于当时朝政黑暗，宦官专权，因此韩康不愿在朝中为官，谢绝入仕。韩康以行医卖药养家糊口，他常常深入山中采药，然后拿到长安集市上去卖，只要病人说出症状，他就能开出对症的药物，因而深受百姓欢迎。不过，他行医卖药货真价实，明码标价，童叟无欺，拒绝讨价还价。有一次，一个老太太来买药，韩康问了病症后，对症开药，老太太精打细算，讨价还价。韩康严肃地说："我行医卖药，以诚信为本，买卖公平，从不虚报药价，绝不占顾客一丝一毫的便宜，所以也不讨价还价。"老太太听后，便买回家服用，果然药到病除。这样一来，人们都知道有一位拒绝讨价还价的奇怪郎中，经常在集市行医卖药。时间长了，大家才知道这位行医卖药的郎中竟是大名鼎鼎的高士韩康。人们深知韩康的为人，都愿意在他跟前买药，也不再讨价还价。"大隐隐于市"，韩康以行医卖药郎中的身份隐迹于长安集市长达30年，因货真价实、童叟无欺、言不二价为人们所知。

有一次，有一位女子路过长安，患病后向韩康买药，付钱时，讨价还价，韩康坚决不允。女子生气地说："我听说名士韩康行医卖药从不允许讨价还价，难道你也是韩康吗？"说完就走了。韩康感叹说："我本不想出名，现在却名气这么大，还是隐居起来吧！"于是，他不再卖药，在山中隐居起来。汉桓帝多次派官员召韩康入朝为官，但都被他婉言谢绝。

"桃李不言，下自成蹊"，韩康以诚信为本，行医卖药货真价实、童叟无欺、言不二价，表现出高尚的职业道德。正是韩康这种诚实无欺、买卖公平的崇高品德，为自己赢得了口碑和声誉，成为一代名士。

孟修仁不卖病牛

孟信，字修仁，我国北魏时期人，曾在孝武帝时期担任过赵平太守。他为人忠厚诚信，为官清正廉洁，深受百姓爱戴。

孟信做官期间，全靠自己的俸禄养家糊口，从不收受贿赂，也没有其他产业。不做官时，由于没有生计来源，吃了上顿没下顿，日子过得穷困潦倒。人们感念孟信为官清正、惠及百姓，所以纷纷接济，但都被他婉言谢绝。

孟信家里最值钱的就是一头老黄牛，家里实在揭不开锅时，孟信的侄子准备把牛卖掉，买些粮食。侄子牵着牛来到集市上，一会儿，有人看上了这头牛，双方讲好价钱，买牛的人付了钱，就把牛牵走了。孟信回家时，恰好看见有人牵着自己家的牛，顿时明白了。于是上前拦住说："这头牛是我家的，不能卖！"买牛人以为孟信反悔，生气地说："我已经付过钱了，难道您想反悔吗？"孟信见买牛人误会了自己，便说："这头牛有病，不能干活，所以您不能买！"说完便拉着买牛人回家退钱。

孟信回到家后，生气地对侄子说："我平日是怎么教导你的？做人要诚实守信，你明知道这头牛有病，却隐瞒卖给别人，这种伤天害理的事情也能做吗？"说完又对妻子说："你对侄子没有阻止，反而纵容，你难道是这样做长辈的吗？"家人都知道做错了事，不断向买牛的人道歉。孟信也向买牛的人道了歉，让侄子如数把钱退还。买牛的人很感动，表示仍然愿意买这头牛，孟信坚决不允许，只好作罢。周文帝听说这件事后，就聘任孟信做太子的老师，孟信尽职尽责，努力把太子教育成才。周文帝对孟信十分礼遇，信任有加。

《论语·卫灵公》云："君子固穷，小人穷斯滥矣。"真正的君子即使在穷困潦倒、生活艰难之际，也不会改变自己的操守、玷污自己的德行。孟信虽不是商人，但他为人忠厚，为官清廉，为商诚实，的确是一位至诚君子。

孙思邈大医精诚

孙思邈，京兆华原（今陕西省铜川市）人，我国唐代著名的医学家、药物学家，著有医学巨著《千金要方》《千金翼方》，因其崇高的医德、精湛的医术被后人尊称为"药王""药圣"。

孙思邈自幼好学、聪慧无比，由于体弱多病，便立志从医。待到青年时，已成长为一名知识渊博、医术精湛、闻名乡里的医师。孙思邈不仅是一位医师，还是一位博学之士。朝廷多次征召他为官，被婉言谢绝，一心致力于医学研究。隋朝初年，孙思邈隐居在太白山中，一边研读医学经典、钻研医术，一边采集草药、研究药性。后来，又深入民间，悬壶济世、解除百姓疾苦，向百姓和同行虚心学习，收集整理民间验方。中年时期，已经成为名满天下的名医。

孙思邈的医德非常高尚，他给人治病，不分男女老幼、贫富贵贱、关系亲疏和民族区别，一律一视同仁。他秉持"大医精诚"的理念，以"人命至重、有贵千金"为行医宗旨，以救死扶伤、解除病人痛苦为唯一职责。孙思邈坚持一切以治病救人为先的原则，关心病人疾苦，时时为病人着想，对求医的人，不分高低贵贱、贫富老幼、亲近疏远，都能平等对待。遇到紧急情况，他不分昼夜、不畏寒暑，全力以赴为病人解除病痛。他治病时，从不计较个人得失，总是聚精会神、细心周到、认真负责，丝毫不嫌弃病人，专心救治。孙思邈行医以诚为本，能治好的病，他尽力救治、药到病除；治不好的病，他从不欺骗病人，浪费他们的钱财，尽量减轻病人痛苦。因此，他在民间声誉很高。

孙思邈还是一位具有百姓情怀的人民医师。长孙皇后难产，群医束手，唐太宗召孙思邈进宫治病，果然药到病除。唐太宗非常高兴，赏赐了许多财物，被孙思邈婉言谢绝，又让他执掌太医院，专门为皇亲国戚和达官显贵治病。孙思邈表示不愿在朝为官，要深入民间，为大唐百姓解除疾苦。唐太宗被孙思邈以苍生为念、济世天下的医者情怀所感动，答应了他的请求。从此，孙思邈一直在民间行医，直到逝世。他活了一百多岁，救治病人无数、功德无量、誉满天下，被老百姓亲切地称为"药王"。为了纪念这位伟大的医学家，人们把他家乡的一座山称为药王山。

孙思邈仁心仁术、以天下百姓疾苦为念，他医德崇高、医术精湛，是大医仁心的典型代表。孙思邈这种大医精诚、医者仁心、救死扶伤、济世天下的高尚德行，为后世医师树立了千秋典范。千百年来，孙思邈是后世医师学习的榜样，在民间一直受劳动人民的爱戴，他无愧于"药王"的至高荣誉。

司马光诚信卖马

司马光，字君实，号迁叟，世称涑水先生，我国北宋时期著名的政治家、史学家、文学家，主持编纂了我国第一部编年体通史——《资治通鉴》，因砸缸救人的故事而家喻户晓。

司马光一生淡泊名利、刚正不阿，他为人诚实正直，自幼家教甚严，父亲教育他做人要诚实守信。司马光幼时，有一次，他想给胡桃去皮，但却不会做，姐姐帮他，也没有去掉，就离开了。后来，一个婢女帮他去掉了。姐姐回来后，惊讶地问："谁帮你做的？"司马光说自己做的。父亲得知后便批评说："小孩子怎么能撒谎呢？长大了如何了得？"

从此以后，司马光再也不敢说谎。年长之后，还把这件事写到纸上，经常警醒自己，一直到去世。

司马光为官四十余年，清正廉洁，因此日子过得比较简朴。有一次，家中拮据，司马光准备把自己的马卖掉以补贴家用。这匹马跟随司马光多年，毛色纯正、高大壮实、性情温顺，司马光也舍不得卖掉，但现在家里急着用钱，实在没有办法。司马光知道自家的马夏天有肺病，怕管家粗心忘记告诉买主。便叮嘱管家说："咱们家的这匹马夏天有肺病，你一定要告诉买主。"管家听后说："老爷，咱们不说，买主也看不出来，还能卖个好价钱，天下哪有像您这样卖马的呢？这样会少卖好多钱的。"司马光严肃地说："你怎么能说出这样的话呢？我平常是怎么教导你们的？做人要诚实守信，买卖更要公平公正，怎么能为了多卖些钱就昧着良心、欺骗买主呢？"管家听后惭愧极了，便按照司马光的要求卖掉了马，虽然钱少了好多，但司马光很高兴。

《潜夫论》中讲："忠信谨慎，此德义之基也。"司马光诚实守信、光明磊落，无论是做人还是为官，都是如此。他虽不是商人，但在卖马过程中，恪守诚信、公平、公正的原则，的确是一位值得后人学习的至诚君子。

诚信为政

早在我国先秦时期，先贤们就提出了以信治国、为政以信的治国理政思想。如荀子云："夫诚者，君子之所守也，而政事之宝也。""政令信者强，政令不信者弱。"《左传》中讲："信，国之宝也，民之所庇也。"都将诚信作为治国理政的重要准则。为政以信是以德治国的内在规范和外在表现，我国古代政治家非常重视这一历史经验总结，他们将这一准则运用于治国理政的实践之中，都获得了巨大的成功。

孔子论政信为重

孔子，名丘，字仲尼，鲁国人，我国春秋时期伟大的思想家、教育家，儒家学派创始人。

孔子还是一位杰出的政治家，他一生四处奔走，曾与弟子周游列国，希望诸侯国国君能够采纳他的政治主张，得到重用，施展才华，实现自己的政治理想。多次遇挫后，晚年回到鲁国从事教育和典籍整理工作。

孔子多次和弟子谈到自己的政治主张。有一次，子贡向孔子请教治国之道。子贡问："老师，要把一个国家治理好，您认为主要应该抓哪几条？"

孔子认真思考了一下，说："第一，国家必须有强大的军队，来保障安全；第二，国家必须有足够的粮食，使老百姓丰衣足食；第三，国家必须取信于民，得到老百姓的信任和支持。"

子贡听后，觉得很有道理，接着说："如果去掉一条，您认为应该先去掉哪一条呢？"

孔子想了想，说："去掉军队。"

子贡又问："如果再去掉一条呢？"

孔子很严肃地说："去掉粮食，少了粮食尽管很困难，但这不是最可怕的，最可怕的是老百姓对国家失去了信任，没有了老百姓的信任和支持，国家很快就会灭亡的。"

这就是"孔子论政"的典故。俗话说，人无信不立，国无信不兴。国家的政治信誉是立国之本和国之命脉，对内，代表的是国家的威信；对外，代表的是国家的信誉。孔子将老百姓对国家的信任和支持作为最重要的治国原则，这是富有政治远见的。

秦商鞅立木为信

商鞅，姬姓公孙氏，名鞅，卫国人，又称公孙鞅、卫鞅，因封地在商，号为商君，又称商鞅。我国战国时期杰出的政治家、改革家、思想家、法家学派代表人之一。

商鞅早年认真学习过法家学说，受法家代表人李悝、吴起影响较大。他学有所成后，给魏国丞相做侍从，以图得到重用，施展才华，实现自己的抱负。魏相临终前曾向魏惠王推荐商鞅为相，但没有得到重用。商鞅听说秦孝公招揽人才，意图富国强兵，就去投奔。商鞅见到秦孝公后，畅谈富国强兵和变法之策，秦孝公听得入迷，非常赞赏，就任命商鞅为左庶长，负责主持变法。

商鞅起草了奖励耕织、军功等一系列法令，担忧无法得到百姓们的信任，法令难以推行，就想了一个办法。他让士兵在南门立了一根三丈高的木头，并出告示说，谁能将这根木头搬到北门去，就会得到10两黄金的奖赏。百姓们议论纷纷，怕被愚弄，没有人愿意去试，商鞅又把赏金提高到50两。这时，一位中年汉子走出来，说："我来试试，让大家看看官老爷是怎样愚弄我们老百姓的！"说完就扛起木头走向北门，百姓们一路跟着看热闹。到了北门后，商鞅早已派人拿着50两黄金在那儿等着，中年汉子放下木头后，很快就领到了赏金。这下在人群中炸开了锅，都城中人人都传着这件事。接着几天，商鞅把法令逐渐公布出去，百姓们都很信服，按照法令去做。

秦孝公听说后，对商鞅开玩笑说："像左庶长这样奖励下去，寡人的国库恐怕很快就空了吧！"商鞅说："秦国富强了，您还会担心国库不足吗？"商鞅变法取得巨大成功，秦国很快成为强大的诸侯国，为秦国统一天下奠定了基础。这就是著名的"立木为信"的典故。

北宋著名政治家、文学家王安石在《商鞅》一诗中赞道："自古驱民在信诚，一言为重百金轻。"商鞅为了顺利推行变法，用"立木"这一方式来获得百姓信任，从而为推行新法创造了有利条件。可见，以信为政、取信于民是商鞅变法获得成功的关键。

燕昭王诚心招贤

燕昭王，姬姓燕氏，名职，我国战国时期著名的政治家，燕国国君，西周开国元勋召公奭后裔，燕王哙的庶子。

在燕昭王即位之前，燕国发生内乱，齐国趁火打劫，出兵攻破燕国都城，燕国从此元气大伤。燕昭王即位后，发愤图强，招揽人才，励精图治，希望富国强兵，尽快恢复国家实力。燕昭王深知要使国家强大起来，必须网罗天下贤才。

燕昭王听说贤士郭隗隐居在深山之中，就亲自登门求教招揽人才的好办法。郭隗见昭王胸怀大志，为人谦和，又能礼贤下士，愿意为昭王出谋划策。他说："大王，您要想广招贤才，就必须让天下人都看到您爱惜贤才、重用贤才的诚心，这样天下的贤才才会前来为您效力。"接着，他又讲了一个"千金市骨"的故事，以此启发燕昭王。

故事是这样的：从前，有一位国君希望得到一匹千里马，派人四处搜寻都未能得到。有一个侍从对国君说："您给我千两黄金，我可以求购到千里马。"国君求马心切，便给了千金。三个月后，侍从带回来一具马骨，还花掉了千两黄金。国君非常生气，便要治罪。侍从说："现在，天下人都知道您愿意用千金来购一匹千里马的马骨，看到了您的诚心，不久您会梦想成真的。"果然，过了不久，国君得到了好几匹千里马。

燕昭王听后，恍然大悟，说："先生是想为我做那匹千里马的马骨吧！"郭隗笑着说："大王真是英明啊！"于是，燕昭王拜郭隗为师，礼节十分隆重。为了招纳贤才，燕昭王还筑造了一座高台，修建华丽的馆舍，放置黄金，供贤才居住、取用，后世将这座台称为黄金台，又叫招贤台。这件事很快传遍天下，人们都知道燕昭王诚心诚意招纳贤才，纷纷前来效力，其中不乏历史名将乐毅、阴阳家邹衍等人。尤其是燕昭王重用乐毅为将，信任有加，能够让其充分发挥军事才能，从而打败齐国，一雪前耻。

孙中山先生讲过，"人能尽其才则百事兴"。人才是强国之基、兴国之本。燕昭王将招揽天下英才作为复兴燕国的第一要务，他诚心纳贤、礼贤下士、尊重人才、用人不疑。最终，一雪前耻的夙愿得以实现，燕国也跻身于战国七雄之列。

汉高祖约法三章

汉高祖，姓刘，名邦，字季，我国秦末汉初杰出的政治家、战略家，西汉王朝的开国皇帝，高祖是他的庙号。

秦朝末年，秦二世暴虐昏聩，残暴不仁，他重用赵高，朝政昏暗，民不聊生。陈胜、吴广揭竿而起，发动了我国历史上第一次农民起义——大泽乡起义，天下响应，群雄并起，逐鹿天下。当时，刘邦只是秦朝的一名小吏，担任沛县泗水亭长。他见天下大乱，也在家乡沛县发动起义，自称沛公。刘邦招贤纳士，重用萧何、张良、韩信等人，从谏如流，势力很快强大起来。

在巨鹿之战中，项羽率军破釜沉舟，击溃了秦军主力。在起义军的沉重打击下，秦王朝很快土崩瓦解。刘邦趁机率军攻入关中，秦王子婴杀死赵高，向刘邦投降，秦朝灭亡。刘邦占领关中后，为了收取民心，将关中各地在百姓中有威望的人召集起来，郑重地向他们说："秦朝的严刑峻法把大家害苦了，从今往后，我与大家约法三章，无论是谁都要严格遵守。这三条是：犯了杀人罪要处死，犯了伤人和盗窃罪的要判刑！除此之外，秦朝烦琐的严刑峻法全部废除！"大家听后，欢喜奔走，互相转告。接下来，刘邦还派人到关中各县一边大力宣传，一边严格监督。关中百姓听说后，非常高兴，纷纷表示要拥戴刘邦为王。

古人讲："为国之道，食不如信。"刘邦与关中父老约法三章，废除秦朝烦琐的刑罚，严格执行约法三章，得到了百姓的信任、拥护和支持，为后来夺取天下、建立了西汉王朝奠定了坚实的基础。

唐太宗以信治国

李世民，我国唐代第二位皇帝。庙号太宗，故后世称为唐太宗，杰出的政治家、战略家、军事家，唐王朝的奠基者之一，被周边少数民族尊为"天可汗"。

唐太宗是我国历史上屈指可数的具有雄才大略的皇帝之一。他以信治国，重用贤臣，虚心纳谏，注意减轻人民负担，开创了"贞观之治"的治世，为唐朝开创我国历史上万国来朝、盛世辉煌的"开元盛世"奠定了基础。

有一次，有大臣上书唐太宗，请唐太宗与大臣谈话时，假装发怒，以此来分辨朝中忠信刚正的大臣与阿谀奉承的大臣，从而亲君子、远小人，整肃朝纲。唐太宗却说："君主自己都弄虚作假，如何能要求大臣忠信刚正呢？这样会败坏社会风气，我要用至诚之心，堂堂正正治理天下，才符合王者之道。你的建议虽好，但我不能这样去做。"

唐太宗不仅是这样说的，而且也是这样做的。他认真总结前朝成败经验，认为隋文帝尽管勤政爱民，但是疑心太重，不太相信大臣，许多事都要亲力亲为，又不能完全办好，天下的事情很多，不是一个人能治理好的，这是一个深刻的教训。因此，唐太宗告诫大臣，自己相信他们，让他们各司其职、各尽其责，放开手脚，大胆辅佐自己治理天下。唐太宗深明"千人之诺诺，不如一士之谔谔"的道理。魏征原是太子李建成的亲信，玄武门之变后，唐太宗不计前嫌，重用魏征，始终对他信任有加。魏征也是忠心耿耿，多次犯颜直谏，一生进谏200多次，唐太宗都能够从谏如流。魏征去世后，唐太宗悲痛地说："以铜为镜，可以正衣冠；以史为镜，可以知兴替；以人为镜，可以明得失。如今魏征病逝，朕痛失一镜啊！"

《论语·子路》云："上好信，则民莫敢不用情。"正是因为唐太宗以身作则、以信为政，对大臣们信任有加，才涌现出像王圭、马周、褚遂良等一大批名臣，他们尽心辅佐唐太宗，共同开创了我国历史上赫赫有名的治世——贞观之治。

第四章 诚信践行

　　中华优秀传统文化中讲仁爱、重民本、守诚信、崇正义、尚和合、求大同，追求天人合一、道法自然，主张仁者爱人、以德化民，倡导海纳百川、兼容并蓄的思想理念体现了中华民族的文明特征，具有超越时空的时代价值和现实意义。其中，诚信是中华优秀传统文化的核心理念之一，是中华民族长期坚守的传统道德规范，更是社会主义核心价值观的重要内容之一。

　　诚信是周文化的基本思想理念，周文化重要典籍《尚书》中就有多处关于诚信思想观念的论述。早在先周时期，诚信就成为周人治国理政的重要思想之一。3000 多年前，周太王古公亶父率族人迁于岐下周原，建邦立国，以仁德治理国家。可以这样讲，周人是周原地区诚信治国的先行者和践行者。以至诚之心，行仁德之政，这成为周人治理国家的重要信条之一。尤其是在周文王时期，周原地区在文王的治理下，政通人和、物阜民丰，道不拾遗、夜不闭户，呈现出一片小康景象。周国上下形成了诚实守信的良好社会风气，留下一些关于诚信的历史典故，如太王迁岐、笃信立国，太伯让贤、信满天下，文王用贤、信而不疑，画地为牢、信守法规等。诚实守信的良好社会风尚也因此在周原大地落地生根，开花结果。

诚信美德，历久弥新。随着时代的不断变化，诚信的内涵不断丰富，始终是周原地区人民的道德规范和行为准则。千百年来，一代又一代的周原人民传承诚实守信的优良传统，并不断发扬光大，努力做诚信美德的传承者、践行者和弘扬者。本章采用了县委宣传部、县文明办、县关工委提供的先进人物主要事迹材料，按照培育和践行社会主义核心价值观的基本要求，或以个人先进事迹，或以集体事例的方式，选取了不同行业具有代表性的当代岐山人践行诚信美德的先进事迹，并进行解读，以发挥示范引领作用。

忠诚为国

北宋学者陈东讲："爱国而忘其家，爱君而忘其身，爱道而忘其位，爱义而忘其死。" 忠诚为国是中华民族的优良传统，是诚信的最高境界。在古代社会，古人忠君爱国的思想尽管有历史的局限性，实质上体现的是一种大诚信，也是一种大仁义。在当今社会，对个人而言爱党爱国，情系家国，忠诚为国，是最大的诚信；对社会而言，更是一种大诚信。尤其是党员干部，保持对党忠诚，对人民忠诚就是忠诚为国的体现。

忠诚为国铸党魂

张宇（1968—2012年），男，汉族，岐山县京当镇人，1987年毕业于陕西师范大学历史系，1991年6月加入中国共产党，同年7月参加工作，先后任共青团金台区委副书记、书记，金台区区长助理、副区长，区委常委、组织部长，中共宝鸡市委副秘书长。

2010年6月，张宇同志积极响应组织号召，参加对口支援西藏工作，担任西藏自治区阿里地区噶尔县委书记。2012年8月22日，因心脑血管意外引发急性心梗，经抢救无效，在西藏噶尔县不幸因公殉职，年仅44岁。

张宇同志信念坚定，对党忠诚，党性坚强，特别是在西藏任职期间，本着对党和国家民族工作高度负责的政治态度，放弃内地优越的工作生活条件，毅然奔赴平均海拔4500米，被称为"生命禁区"的阿里地区援藏。他忠诚为国、一心为民，忠诚执行党的民族政策，始终把藏族群众的利益放在首位，把改善和保障民生作为一切工作的出发点和落脚点，加大城乡安居房建设，强化农牧民技能培训，狠抓"控辍保学"、农牧区新型合作医疗等工作，受到了群众的称赞。他扎根高原、献身边疆，公而忘私，舍小家顾大家，在噶尔县发生风雪灾害之际，两次放弃休假返回工作岗位，靠前指挥，取得了抗击风雪救灾的胜利，保证了人民群众生命财产安全。为边疆稳定、民族团结做出了贡献，被誉为组织放心、群众信赖的好干部。

张宇同志一心为民，无私奉献。在2003年8·23北庵高崖崩塌、8·30渭河抗洪抢险和2008年5·12地震等突发事件和急难险重任务中，以身作则，率先垂范，以实际行动践行了共产党员的先进性。2012年8月中旬以来，张宇同志带病坚持工作，奋战到生命的最后一刻，树立了援藏干部的良好形象。

张宇同志牺牲后，中共陕西省委作出决定，追授张宇同志"模范援藏干部""优秀共产党员"称号，并在全省党员干部中开展向张宇同志学习的活动。新华社、《人民日报》等中央媒体刊发了张宇同志先进事迹，《西藏日报》《陕西日报》连续刊发了《壮志未酬身已去，忠魂长铸耀阿里》《雪域高原泪别优秀援藏县委书记张宇同志》《雪域高原鉴忠诚》等长篇通讯，对其先进事迹进行了深度报道。

毛泽东同志在《为人民服务》一文中讲道："中国古时候有个文学家叫作司马迁的说过，'人固有一死，或重于泰山，或轻于鸿毛'。为人民利益而死，就比泰山还重。"张宇同志忠诚为国，公而忘私，把党和人民事业作为人生追求，为了党和国家的民族工作鞠躬尽瘁、死而后已，展示了一名优秀共产党员的光辉形象。

（《典说周文化》）

诚实做人

古人讲："诚者，天之道也；思诚者，人之道也。"诚实就是内心与言行一致，不虚假，不自欺，不欺人，表里如一。有哲人说过，诚实是人生的命脉，是一切价值的根基。在今天，诚实既体现了个人的品德和声誉，又是修身处世的准则和方法。诚实做人，踏实做事是立足于社会的基本准则。只有诚实做人，才能踏实做事；只有踏实做事，才能走得长远。

诚实做人赢口碑

魏朝阳，男，现年49岁，中共党员。岐山县青化镇焦六村人，"遵纪守法、诚信经营、服务群众"是他家的家训。

诚信经营为群众。魏朝阳在部队入党，退伍后回乡经商。由于他的诚实守信和善于把握商机，售后服务群众满意，经营范围不断扩大，生意日渐兴隆，每年受到市县镇人民政府和有关部门的表彰奖励。经过几年的发展和积累，现已发展成为一个固定资产300多万元的经营大户，拥有多处固定门店，安置待业青年20多人。

从事经营活动几十年来，魏朝阳始终坚持两条经营之道：一是注重商品质量，绝不经营假冒伪劣商品，保证所售货物货真价实；二是诚信经营、礼貌待人，从不坑蒙、欺骗顾客，做到童叟无欺。他注重培训员工，提高服务水平和服务质量，要求员工热情对待每一位顾客，做到"无论你昨天发生了什么不愉快的事，今天只要走进店里，就要把微笑带给每一位顾客"。他是这样要求的，员工们也是这样做的。由于他经营有方，管理到位，且他店里的商品货真价实，童叟无欺，所以店里总是顾客盈门，生意十分红火。

从事个体经营的第一天起，魏朝阳就牢固树立了关心集体的意识。他每年带头为村镇古会、街道装灯、乡村修路踊跃出资，为村幸福院捐赠冰箱、电饭锅、电磁炉等。作为一个共产党员，他在党的改革开放好政策下，依靠自己的双手先富起来后，始终保持着热爱祖国、支援农村建设的诚挚之心，他的善行义举得到了乡亲们的赞誉。

魏朝阳始终没有忘记自己是一名共产党员，他先富了，但他始终惦记着那些需要帮助的人。村里的几名大学生，因家境贫困差点辍学，他得知情况后，二话没说，就主动出资8000元帮助他们重新回到了大学校园。

他不但对熟悉的人伸出援助之手，而且对素不相识的人也慷慨解囊。1998年，长江中下游遭遇特大洪水袭击，上百万的人失去家园，他为灾区捐款5000元，同时还捐赠了部分衣物和生活用品。近20年来，累计为公益捐款数万元。在他的影响下，两个孩子勤奋好学，乐于助人，分别考上了大学，学习品德都很优秀。

诚实做人，诚信做事是为人处世的基本规范。魏朝阳同志作为一名党员，为人诚恳，做事用心，诚信经营，服务群众，既方便了顾客，又壮大了自己的事业。他富而思源不忘本，积极投身于慈善事业，助学帮困，展现了一位普通共产党员的风范。

（《岐山好家教好家风风采录》）

诚信家风

诚信作为中华传统美德和社会主义核心价值观重要内容之一，表现在家庭层面就是形成诚信、友爱、和谐的好家风。对内，每位家庭成员之间彼此信任、互相关心、互相帮助；对外，每位家庭成员能够做到亲仁善邻、讲信修睦、守望相助。只有每位家庭成员把诚信家风践行到做人、交往、从业之中，家业才会兴旺，家庭才会幸福。

诚信家风代代传

孟子讲："天下之本在国，国之本在家。"自古以来，中华民族就有注重家庭、家教、家风、家训的优良传统。中国人历来重视家风建设，注重家风的传承，以达到育人兴家的目的。家风与乡风紧密相连，家风与社风紧密相连，好家风是家庭幸福美满、家业兴旺发达的保障。一个好家风，必然成就一个好家庭。

周原地区人民以诚实守信而闻名，在岐山县凤鸣镇陵头村祝南组，村民每谈到诚实守信的好家风，都对祝增昌一家赞不绝口。

祝增昌，男，现年66岁，中共党员，现担任凤鸣镇陵头村祝南、祝西党小组组长，曾担任过原祝家巷村党支部副书记三年。祝增昌一家五口人在父辈们的熏陶下，传承上一辈忠实厚道、团结友善、诚实待人、诚信处事的好家风。诚信是祝增昌一家待人接物的基本准则。他经常教育子女，要做一个诚实守信的人，答应了别人的事，无论多么艰难，都要努力完成，决不可背弃承诺、失信于人。他自己更是以身作则，言传身教。在他的言教身教、潜移默化下，诚信家风在儿女们心中打下了深深的烙印，并发扬光大。祝增昌常常教育子女们要将诚实守信的好家风永远传承下去，并作为安身立命之本，身体力行。

好家风是一种无声的教育，是家庭成员人生道路上的指明灯，将长久地引领后辈走向成才成功之路。春风化雨，润物无声。在祝增昌的潜移默化、言传身教下，子女们都牢记家训，践行家风，受益终身。如今，两个女儿已出嫁，儿子也已经成家立业，现在家业兴旺，全家人生活幸福美满。这些成就正是他们传承诚信家风，堂堂正正做人、踏踏实实做事、兢兢业业工作、勤勤恳恳治家的结果。

良好的家风是家庭文化的核心，是一个人立身处世的根本，在个人的成长过程中起着关键的作用，是终身的财富。同时，良好的家风是一个家庭数代人共同努力的结果，也是良好家庭氛围和家庭教育的体现，更是家庭文化的一种积淀。祝增昌同志传承和弘扬诚信家风，身体力行、言传身教，既为家庭成员作出了表率，又影响熏陶了周围群众，推动了乡风文明建设。

（《岐山好家教好家风风采录》）

忠于职守

古人讲："在其位，谋其政""处其位而不履其事，则乱也"，这两句话从正反两个方面强调了忠于职守、尽职尽责的重要性。忠于职守就是忠诚地对待本职工作，一丝不苟履行好岗位职责。忠于职守是诚信在职业道德方面的基本要求和具体体现，也是每个行业最基本的职业道德规范。

忠于职守护国宝

一个受过"文革"浩劫的人，一个亦工亦农视周文化为财富的人；一个刻苦研究周文化，曾经为全国人大常委会副委员长许嘉璐，中宣部副部长、著名诗人贺敬之，陕西省委书记李建国讲解的土专家；一个将科学的考证和大胆的想象结合敢于论断"毛泽东的远祖在岐山"的人；这个人就是县政协文史资料研究员，人称"周原通"的贺世明同志。

1990年春季的一天下午，京当镇1000多名村民挥镢舞锨拉土筑坝，正在为打通凤雏沟这个经济发展瓶颈实现京黄（京当、黄堆）公路连通而大会战。由于是乡政府自行立项工程，资金全无，土法上马，机械化程度低，需放炮取土，施工涉及的区域是周原遗址核心区，贺世明同志被派随工清理文物，宣传文物法规。他作为周原文管所临聘的文物保护员、文物法规宣传员，正在牛毛毡搭建的临时工棚中，一手拿着麦克风，一手拿着文物保护法宣传材料，全神贯注地进行演讲。他的声音被扩音器放大后在沟壑间久久回荡，党的意志和国家法规通过他的宣讲灌输到人民中间，他深深为这个光荣的岗位而自豪而陶醉。一个解放初期农村识字班的老师现在可以对着广大干部群众宣读国家法律了，他由此获得了一种更生的快乐和少有的职业自豪感。

"轰"——一声沉闷的巨响，原来被定性为哑炮的炮眼突然爆炸。贺世明还没有意识到究竟发生了什么，飞沙走石、尘土蔽日、惊天动地……一块碗大的土石穿透工棚擦着他的眉毛重重地将另一只手上三合板做成的文件夹砸落地下，等他回过神来，几位工友已躲在床板桌椅下面，大呼"好险"。其中一位惊叹："大难不死，必有后福。"后来事实也证明了这一点。几十名参与周原考古的工农兵学员只有贺世明有幸进入事业单位职工编制，看来命运总是青睐贺世明这样有才干的人。

一天晚上，贺世明与文管所干部齐浩接到举报，地处考古核心区礼村组北干渠边有8名盗墓贼正在作案。他俩立即带着手电、电警棍，骑上摩托车赶到盗墓现场，盗墓贼听到摩托车声知道事情不妙，立即停下手中的活，其中几人手提石块向他二人围拢过来。虽然寡不敌众，但盗墓贼做贼心虚，贺世明急中生智，大声喊道："一组、二组上，三组守住路口，一个都别让逃走。"提石块者立即甩下石块，一溜烟逃走了。

1997年秋，另一次夜巡时惊动了盗墓贼，他采用政策攻心和突击包围，将盗墓贼驱离后，在盗墓现场收缴到三把匕首，还有探铲、绳索等作案工具。

2004年，贺世明随同派出所在祝家庄镇屯子头抓获盗墓贼五人，移送司法机关处置。

由于贺世明在周原考古界声名远播，知道他对文物资源了如指掌，一些大穴头便打起收买他的主意。一次一个颇似学者的时髦青年，在他的宿舍甩下两万元，要他提供两个墓葬的具体位置，并说如发现重器还另外酬谢。贺世明听了，断然拒绝，对他们进行《文物保护法》宣传教育，并让他们收回现金，改弦更张，"千万不要干伤天害理、违法乱纪的事情"。贺世明在40多年文保工作生涯中，成绩突出，多次受到省、市、县文物管理部门的表彰，尤其是在与文物犯罪多次斗争中，锻炼了作风与智慧。省文物事业管理局和省公安厅授予他"田野文物保护，打击文物犯罪"先进个人称号，为他颁发了奖状。

据不完全统计，经由贺世明征集的文物多达300多件（其中国家一级文物数十件）。经由他撰写并见诸省、市、县报刊的文章达300多篇，其中《毛公鼎与毛氏家族》上、下两篇1995年9月在《西安晚报》刊载后产生极大反响，获"周公圣水杯"炎黄文化知识有奖征文三等奖，并引发了毛泽东祖籍考证热，经久不衰。这些文字极大丰富了周文化研究资料，也为周文化研究打开了新视野。

古人云："在其位，谋其政；任其职，尽其责。"爱岗敬业，忠于职守是每个人最基本的职业道德素养，贵在坚持，贵在长久。贺世明同志热爱家乡，热衷于文物保护和研究工作，数十年如一日，尽职尽责，为周原地区文物保护和研究工作做出了贡献。

（韩　彻）

以诚从业

诚信是社会主义核心价值观重要内容之一，做到诚实守信是践行社会主义核心价值观的基本要求之一。职业是一个人立足于社会的基本保障，诚信体现在职业层面就是从思想上和行动上都能够做到爱岗敬业、尽职尽责、精益求精，这也是对事业和服务对象的一种负责任的行为。俗话说，诚贵如金，信价如玉。发自内心的诚实守信，是一切职业道德的初衷和最终落脚点。

大医精诚报桑梓

古人云："医乃仁术，此之谓也。"我国古代之所以将医术称为仁术，是因为作为一名医师，救死扶伤不仅是为了使患者减少痛苦、早日康复，而且还可以提升自己的道德修养和人生境界。因此，历代名医无不把救死扶伤、提高医德医术放在首位。在中华医学始祖岐伯的故里有位鲁有强大夫，他是情系桑梓、大医精诚的代表。

鲁有强（1958—2010年），男，汉族，中共党员，岐山县蒲村镇鲁家庄人，岐山县益店镇卫生院院长。鲁有强大夫出生于岐伯故里岐山县，少年时有一次因病亲身体验了中医药神奇之处，由此与中医结下了不解之缘，立下了救死扶伤、治病救人的远大志向。在17岁那年，他如愿以偿地考上了宝鸡中医学校。在学校里，他发愤学习，刻苦钻研医术。学成毕业后，他怀着回报乡梓，为乡亲们解除病痛的强烈愿望，走进了岐山县益店镇中心卫生院工作。从此扎根基层，这一干就是28年。

28年的漫漫岁月，28年的风风雨雨，青丝变白发。在这28年里，鲁大夫不辞劳苦，每天都要接诊出诊五六十次，患者随叫随到，有求必应，从来没有固定的上下班时间。工作之余，他精益求精，认真研读医学典籍，积极钻研中医病理、药理理论，熟练掌握不同的治疗技术，不断提高自己的医术，想方设法减轻患者的病痛和经济负担。在行医过程中，他急患者之所急、想患者之所想，以精湛的医术和丰富的经验，尽量减少医疗费用，切实减轻患者的负担。遇到家庭困难的群众，就垫资义诊，从不怠慢。他不仅是一位好医生，还是一位好院长，在担任卫生院领导职务后，积极奔走，争取资金，极大改善了卫生院的医疗条件。鲁大夫一生接诊患者38万人次，治愈率高达95%，从未出现过一起医患纠纷。长年累月的治病救人工作，使鲁大夫积劳成疾，在生命最后的日子里，他仍然心系患者，躺在病床上分析心电图。鲁大夫以其高尚的医德、精湛的医术赢得了群众的信赖和尊敬。追悼会那天，十里八乡的群众冒雨自发前来送别。

作为岐山县一名基层乡镇卫生院的院长，鲁大夫在乡镇卫生院坚守了28个春秋，扎根基层行医28载，他视患者如亲人，用自己的仁心仁术，诠释了一个基层中医工作者爱岗敬业、大医精诚、无私奉献的崇高品质，展现了一名基层共产党员的优秀品质，书写了平凡而壮丽的人生篇章。他先后被宝鸡市委、岐山县委评为优秀共产党员，被授予陕西省"白求恩精神奖"。

古人讲："医者父母心""大医精诚"，意思是作为一名医者，既要有仁爱之心，更要有精诚之技之德，即精湛的医术和高尚的品德修养。鲁有强大夫以至诚之心，行仁者之术，一边治病救人，服务群众；一边刻苦钻研、砥砺品德，扎根基层28年，用自己的一生和实际行动，树立了大医精诚、大爱无疆的医者典范。

（《典说周文化》）

诚信兴业

俗话说："人无信不立，业无信不兴，国无信不强。"在我国古代社会，诚信是商家的立业之魂和兴业之基。在当今社会主义市场经济条件下，诚信是企业生存和发展的基石，对内可以产生强大的凝聚力和感召力，培育众志成城、战无不胜的企业精神；对外可以产生巨大的吸引力和良好声誉，形成品牌效应。因此，恪守诚信是赢得市场的关键，是决定企业成败的关键。

诚信兴业铸品牌

在周公故里、周礼之乡的岐山县有这样一家民营企业，公司从创立发展到今天只有短短的20多年时间，在这短短的20多年里，从一个传统的手工制醋作坊成长为一家国内驰名的现代化民营企业，这就是岐山天缘食品有限公司。天缘公司快速发展的秘诀究竟是什么？显而易见是在周文化的熏陶下，公司将"诚信做人、认真做事"摆在企业发展理念的首位。因此，以诚立业、以信兴业是岐山天缘食品有限公司腾飞的关键因素之一。

20世纪90年代正是我国社会主义市场经济起步阶段，乘着社会主义市场经济兴起的浩荡东风，岐山天缘食品有限公司的前身岐山天缘酱醋厂于1998年在岐山县成立。在成立之初，该公司的领导层和全体员工传承弘扬周文化的思想理念，秉承"产品质量第一，人民健康至上"的经营宗旨，弘扬"笃诚、团结、拼搏、创新"的企业精神，用良心酿造放心产品，以责任锻铸一流质量，精益求精、追求卓越。这种发展思路和发展理念，无不体现了以诚立业、以信兴业的精神精髓。该公司以食用醋为主体产品，在选料、制曲、发酵、酿造、包装等各个环节，精益求精，追求一流，无不体现了工匠精神，从而实现以信誉传口碑、以质量赢市场的目标。

岐山天缘食品有限公司发展壮大过程中，董事长张宗科带领一班人，用实际行动生动地阐述了"以诚立业、以信兴业"的传统优秀思想。他们将"传承"和"诚信"作为企业文化的精髓，并向社会郑重承诺："若发现一瓶添加有冰酸的天缘醋，公司奖励一百万。"他们坚持弘扬"挖掘历史工艺，传承华夏文明，成就酿造食醋第一品牌"的企业愿景，始终不忘"用良心酿造放心产品，引领行业文明，为人类提供健康美味"的企业使命感，信守"真诚、感恩、责任、专业、结果导向、客户价值"的企业价值观。他们将诚信作为企业文化的核心理念，用诚信理念武装全体员工头脑，并落实到车间工艺的每一个环节，贯彻到每一位员工一丝不苟、精益求精的工作之中。

诚信，使公司开发出质量上乘的优质产品；诚信，为公司赢得了良好的社会声誉。公司成立以来，迅速成长。2002年，被评为"酱醋类A级企业"，2007年，通过了ISO9001质量管理体系认证，2010年，成为陕西省规模最大的食醋酿造企业，2012年，公司荣获陕西省农业产业化龙头企业。2016年，岐山天缘被国家认定为"陕西省第一批非物质文化遗产代表性传承单位"。2017年，岐山天缘"中国醇醋"研发成功，从而在国内食醋行业内确立了中国醇醋"醇、柔、酸、香、老"的独立味型，迅速成为区域性的行业主导品牌。2020年，荣获"企业文化建设示范单位""中国行业创新十大品牌企业""中国消费者放心品牌""国家级高新技术企业""综合信用AA级企业"等荣誉；9月，被共青团岐山县委、岐山县教育体育局授予"岐山县青少年实践教育基地"。2021年，被命名为"宝鸡市工业旅游示范基地""宝鸡市首批中小学生研学旅行实践教育基地"。2022年，荣获"乡村振兴领军企业""中国农产品百强标志性品牌"等荣誉。2023年，被确立为宝鸡市第一批非物质文化遗产项目传承单位；4月，被陕西省健康陕西建设工作委员会办公室命名为2022年度"省级健康企业建设示范单位"；5月，被命名为"第五批陕西省中小学生研学实践教育基地"；12月，岐山醋文化景区通过国家AAA级认定。 20多年来，公司在挖掘传承岐山农家制醋工艺的基础上，将岐山农家醋制作工艺标准化、数据化，为岐山醋的工业化、规模化生产经营提供了强有力的支撑，并实现了连续多年来产值稳健的增长和市场扩张。公司先后荣获省市食品安全示范单位、诚信单位、质量合格企业等多种荣誉和称号。

俗话说，诚信兴业贵如金。正所谓大道至简，诚信赢天下，公平得人心。自古以来，大至国计民生，小到经商开店，唯有以诚信为本，恪守诚实守信道德规范，才能创出事业的品牌。岐山天缘食品有限公司将诚信作为企业文化核心理念，其腾飞的主要秘诀就在于此。

（马庆伟）

第五章　诚信修养

　　《礼记·大学》云："古之欲明明德于天下者，先治其国；欲治其国者，先齐其家；欲齐其家者，先修其身；欲修其身者，先正其心；欲正其心者，先诚其意；欲诚其意者，先致其知；致知在格物。"这段文字提出对后世产生深远影响的"修齐治平"思想，为历代士人所推崇。正心诚意是实现"修齐治平"的重要途径，诚意就是使自己的意念发于真诚，做到不自欺、不欺人，是一种至高的道德修养境界，与诚信一脉相承，既是一种道德规范，又是一种修身途径。所以《大学》又讲，"物格而后知至，知至而后意诚，意诚而后心正，心正而后身修，身修而后家齐，家齐而后国治，国治而后天下平。"

诚信是我国古代先贤极为重视的一种道德品质和道德规范，将其作为修身之本、立德之基。作为一种道德修养，诚是一切道德行为与道德修养的前提，信是一个人做人做事和为学立业的基础。北宋著名思想家、教育家程颐讲过，不以真诚的态度研习学问，学业就会不精通；不以真诚的态度做事情，事业就不会成功；考虑问题时不真诚，就会自欺并背离自己内心真实的想法；与人交往不真诚，就会丧失自己的道德修养，还会招来别人的怨恨。可见，以诚修身对于一个人道德品行的培养是多么的重要！古代先哲将诚信作为一种道德修养，其基本要求是以诚修身，以信处世；内不欺己，外不欺人。他们秉持这一思想，并且身体力行，留下了许多千秋佳话。

习近平总书记强调："要把做老实人、说老实话、干老实事作为人生信条，这样才能真正立得稳、行得远。"这为我们今天以诚修身、以信做人指明了方向。在今天，诚信既是我们必须培育和践行的价值取向，也是提升道德修养的有效途径。本章以社会主义核心价值观为引领，传承弘扬我国古代以诚修身的思想精华，结合实际，选取了修身、慎独、正心、诚意、戒欺、鞭策六个方面进行解读。每个方面，配有两个古人修身的历史故事，以便结合故事，加深理解认识，付诸行动之中，培育和践行社会主义核心价值观。

修 身

古人云："理之义，在于诚，诚修身，则身正。"修身是儒家学派的"修齐治平"重要思想之一，即通过一定的方式和途径，以求达到陶冶情操、涵养道德、提高修养的目的。历代先贤无不把修身作为治国安邦、进德立业的前提和基础。俗话说，外修于行，内修于心。简而言之，就是内以诚修心，外以信处世。即从思想观念上树立诚实的信念，然后将守信付诸行动。因此，诚信既是一种个人品德，又是修身的一种方法和途径，我们日常在砥砺品德、为人处世方面应该加以重视。

孔夫子诚信修身

孔子，名丘，字仲尼，我国春秋时期伟大的思想家、教育家，儒家学派创始人，民间亲切地称他为孔夫子。无论是在做人还是学习方面，孔子都主张要有老老实实的态度，绝不能自欺欺人，他一生的言行成为后世学习的榜样。

有一次，孔子与弟子们外出，遇见两个孩子争论不休。孔子和弟子们感到好奇，上前去问孩子们争论什么。一个孩子说："听说您是大圣人，那就给我们评评理吧！我们争论的问题是早上的太阳离我们近，还是中午的太阳离我们近？"孔子听后很有兴致地说："请你们讲一讲各自的道理！"

第一个孩子站出来说："我认为早上的太阳离我们近，早上太阳像个大圆盘，中午太阳像烧饼，同样的事物，大的离得近，小的离得远，早上太阳比中午的大，所以早上的太阳离我们近。"孔子听了觉得很有道理，点点头对第二个孩子说："讲讲你的道理吧！"第二个孩子说："他讲得不对，早上的太阳离我们远，中午的太阳离我们近。就好像烤火时，离得近就热烘烘的，离得远就冷飕飕的，早上太阳冷飕飕的，中午太阳热烘烘的，所以中午太阳离我们近。"孔子听了觉得很有道理，也点了点头。孩子们问："您来评评理，我们哪个讲得对？"孔子思考了一会儿，老老实实地说："你们讲得都有道理，我也不知道什么时候太阳离我们最近。"两个孩子听了后，拍拍手说："亏大家都说您是大圣人，连这个都不知道！"说罢，就转过身玩耍去了。

子路很不服气地说："夫子，您随便讲些道理，唬住他们就是了，怎么能让两个小孩嘲笑您呢？"孔子非常严肃地说："做学问和做人是一样的道理，要老老实实，知道就是知道，不知道就是不知道，怎么能自欺欺人呢？"弟子们听后，都心悦诚服。

俗话说，诚以养德，信以修身。老老实实做人，踏踏实实做事，不自欺欺人，这是修身养德的最基本的原则。"知之为知之，不知为不知，是知也。"正是因为孔子一生以实际行动践行这一原则，学问才会不断增长、修养才会不断提高、境界才会不断提升，最终成为受后世敬仰的"大成至圣先师"。

司马光以诚修身

司马光诚实俭朴、温润谦和、修身严谨、待人真诚，是北宋时期君子人格的典范。他给自己取字为"君实"，表达了以诚修身、以俭养德，立志做至诚君子的愿望。

司马光自幼就立身以诚，勤奋好学，不慕虚荣，勤俭节约。长大后，学业有成，考中进士做了官。北宋时期，朝廷给官员的俸禄非常丰厚，但司马光的生活依然俭朴，即使宴请朋友，也是一切从简。他将多余的俸禄用来资助生活困难的亲友。尽管司马光与王安石政见不合，两人为国家大事因意见不同而吵得不可开交，但他对王安石的人品学问，十分敬佩。司马光因待人诚实、生活俭朴，个别人认为他这是沽名钓誉，但了解司马光的人都一致认为他是一位以诚修身的至诚君子。

在主持编修《资治通鉴》期间，司马光传承了实事求是、秉笔直书的优良传统，为此他每事亲力亲为、尽心尽力。当时搜集的资料堆满了屋子，司马光一丝不苟，亲自审阅史料，毫不含糊。凡是他审定改过的史料，都用楷书写得一笔一画，非常工整，像这样审定过的史料堆满了两个屋子。为了确保充足的时间来修史，司马光让木匠制作了一个圆木枕头，只要睡得太熟，头就会从枕头上滚下来惊醒，这样就可以继续工作，这就是"圆木警枕"的典故。司马光花了整整19年时间才完成了这部伟大的史学巨著，他在编修过程中，特别注重有关诚信、礼仪的史料，以便教化后人。正是因为司马光忠于史实、认真负责的态度，才保证了《资治通鉴》的质量。《资治通鉴》与《史记》齐名，合称"史学双璧"。

古人云："不诚之事，不可为之。"以诚修身，贵在认知，重在行动。司马光一生坚持以诚修身，他为人光明磊落，做事脚踏实地，生活节约俭朴，不愧为至诚君子的典范，为后世树立了以诚修身的标杆。

慎　独

《礼记·大学》云："此谓诚于中，形于外，故君子必慎其独也。"慎独是中华优秀传统文化中一种道德修养方法，指在无人监督的情况下，能够遵循内心的良知，自觉遵守各种道德规范。自古以来，历代先贤们就把慎独作为一种诚实守信的道德修养，以求做到慎独自律，修己安人。因此，从一定意义来讲，慎独是无人监督下的诚信，是诚信的最高境界。在今天，慎独既是一种自我修身的良好方法，又是提升道德素养的有效途径，更是做到诚实守信的内在要求。

颜叔子不欺暗室

颜叔子，我国春秋时期鲁国的名士，他和柳下惠一样，以诚实正直、不欺暗室而享誉后世。

颜叔子中年时，妻子病逝后，也没有再娶，经常一个人独居在家读书。他为人诚实，品行高洁，在乡里口碑很好。一个秋天的夜晚，颜叔子正在屋里读书，突然狂风大作，不一会儿，暴雨倾盆。突然，传来一阵敲门声，他开门一看，原来邻居家的房顶被风吹坏了，屋内漏雨，地面也湿得厉害，想借宿一宿。颜叔子却迟疑了，因为邻居正是一位年轻漂亮的寡妇，他担心两人同在一室，惹乡邻们说闲话，败坏了女邻居和自己的声誉。但看到女邻居全身湿透，在冷风中瑟瑟发抖，他于心不忍，就让她进屋避雨。

在古代社会，孤男寡女同处一室是不合礼法的。颜叔子既要顾及女邻居和自己的名声，又不能让她因淋雨染上风寒，就想了一个两全其美的好办法。颜叔子把自己家里的柴火拿出来点燃，把屋子里照得亮堂堂、暖烘烘的，这样一来，既能烘干女邻居身上的湿衣服，使她免于染上风寒，又显得自己光明磊落。尽管当时柴火比较贵，颜叔子家境贫寒，但依然拿出所有柴火，柴火烧完后，他又将自己房子里的茅草抽下来代替。就这样，一直坐着过了一夜。天亮后，将女邻居送回家。邻居们得知后，都赞美颜叔子是柳下惠一样的正人君子。

《礼记·中庸》云："君子戒慎乎其所不睹，恐惧乎其所不闻。"衡量一个人诚信的标尺，不是看他在大庭广众和社会监督下的言行，而是看他的诚信能否做到"慎独"，以及坚持"慎独"所能达到的程度。唐代诗人周昙在《春秋战国门·颜叔子》一诗中写道："诚知独处从烧烛，君子行心要自明。"颜叔子慎独修身，以诚待人，不愧是一位洁身自好的正人君子。

查湛然吃枣留钱

查道，字湛然，我国北宋时期文学家、官员，青年时以诗词著称于世，以孝行闻名天下。

查道少年时性格比较沉稳，勤奋好学，喜欢笔墨纸砚。后来考中进士，得到丞相寇准赏识，在朝中任职。查道为人淳朴厚道、宽厚仁慈，为官清正廉洁、敢于担当，侍奉母亲非常孝顺。有一次，查道的母亲病了，想吃鳜鱼汤，但当时天寒地冻，正值数九寒冬，根本买不到鳜鱼。查道只好来到河边，凿开坚冰，费了好大力气，钓到了一条鳜鱼给母亲做鱼汤吃，他的孝名也因此传遍天下。

查道非常注重个人修养，从不做违背良心和道德的事情。有一次，他带着一个随从，挑着礼品去看望远方的亲戚。由于路途遥远，他们走了一个上午，仍然没有到达。这时两人饥肠辘辘，但途中前不着村、后不着店，方圆几里都见不到人烟。随从只好向查道建议说："大人，这里前不着村、后不着店的，您不如休息一下，我从礼品中取出一些食物来吃，养些力气，再赶路吧！"查道坚定地说："不行！这些礼品既然用来送人，那就不属于我们了。做人要讲信用，怎么能吃不属于自己的东西呢？"两人休息了一会儿，只好饿着肚子继续赶路。

两人走着走着，遇到一个枣园。枣树上挂满了熟透的红枣，红绿相映，娇翠欲滴。两人早已饿得发慌，见到此景后，更觉得饥渴难耐，便停下脚步，坐在路边休息。查道叫随从去附近寻找枣园主人，以便买些红枣吃，随从找了老半天没有找到，就采摘了一些分给查道吃。吃完枣后，查道让随从拿出一串钱，挂在采过红枣的树上。随从不解地问："这个枣园早已荒废，并没有主人啊！您这是什么意思呢？"查道说："吃了不属于自己的东西，是必须付钱的！"随从又说："我的确没有找到枣园的主人,再说我们吃枣时,根本没有人看见,您付的钱远远超过了枣钱,又何必这样认真呢?"查道义正词严地说:"诚实做人是一个人应有的品德,不管枣园有没有主人,但在我的心中有主,尽管没有别人看见我们吃枣,但的确是吃了人家的枣,就应该给钱,我们决不能违背自己的良心啊!"说完,把钱挂好,就离开了。

南宋著名理学家朱熹讲:"君子慎其独,非特显明之处是如此。"意思是君子在独处的时候要谨慎小心,在不明显隐蔽细微处,大众不知晓的地方也要像平常一样谨慎。慎独是人们对遵守道德规范和社会秩序的理性自觉,在外界监督约束下的诚信是被动行为,只有发自内心的诚信才是一种道德修为。查道慎独修身,诚信做人,品行端正,为人有操守,吃枣留钱的故事传为千秋佳话。

正　心

《礼记·大学》云:"欲修其身者,先正其心。"正心是儒家提出的"格物、致知、诚意、正心、修身、齐家、治国、平天下"八条目中的一条。正心就是端正自己的思想,为人处事要做到公正无私、诚实不欺,从而使人心归于正道,正所谓"意诚而后心正,心正而后身修"。正心是儒家一种重要的道德修养功夫,是诚实做人、诚信做事的道德修养的前提,为历代圣贤所重视。

第五伦正心奉公

第五伦,字伯鱼,我国东汉初期政治家,一代名臣。他为人处事用心端正,正直诚信,公正无私,光明磊落。

第五伦少年时就十分注重道德修养,刻苦学习儒家典籍,端正自己的心性,践行儒家"修齐治平"的思想。青年时他就以品德高尚、正直无私、待人真诚而闻名乡里。第五伦做官后，忠信刚直、清正廉洁、不畏权贵、大公无私，从不做违心的事情，也因此得罪了朝中不少权贵。家人担心他遭到权贵们的打击报复，劝他说："像您这样忠于职守，一心只为百姓做事，不顾朝中权贵利益，会得罪很多人的，以后恐怕会招来灾祸的，倒不如随波逐流，谁都不得罪，可以消灾免祸。"第五伦听后，严肃地说："做人用心要端正，忠诚于自己的良心，做官更应该以民为重，怎么能够为了保护自己而缩手缩脚置百姓利益于不顾呢？"第五伦在地方做官时，他正心奉公、以身作则，在他的治理下，百姓们奉公守法、安居乐业，一片欣欣向荣的景象。

在地方任职时，第五伦更加注重正心修身，他时时以民为本，处处为百姓着想，恪尽职守、不徇私情、秉公断案，因此受到百姓的爱戴。后来，他果然因得罪权贵而获罪，被朝廷召回，郡里百姓听说后，扶老携幼，痛哭不已，跟随着第五伦的车辆，送了十几里，最后还拦着车，拉着马舍不得他走。汉明帝听说后，十分感动，就赦免了他。汉明帝召见第五伦时问："百姓们都说爱卿大公无私，毫无私心，那么爱卿有私心吗？"第五伦坦然地回答说："陛下，臣有私心。以前有朋友送臣一匹千里马，臣虽然没有接受，但每次向朝廷推荐官员时，总会考虑有没有适合他的官职，但最终没有任用他。臣哥哥的儿子经常生病，有时臣一夜前去看望十几次，回来后却很快入睡。可臣的儿子生病时，虽然没去看望，却整夜难以入睡。如此说来，臣怎么会没有私心呢？"汉明帝听后，称赞第五伦为人坦诚，光明磊落。

古人云："立德之本，莫尚乎正心，心正而后身正。"诚信是正心修身的基本要求，也是治国平天下的道德规范。俗话说，心正则身正。第五伦正心修身，以百姓为重，为民做主，一身正气，公私分明，清正廉洁，是正心修身、清官廉吏的典范。

柳公权笔谏正心

柳公权，字诚悬。我国唐代中期著名书法家、诗人，尤其在书法方面造诣深厚，自创独树一帜的"柳体"楷书。他与著名大书法家颜真卿齐名，有"颜筋柳骨"的美誉，又与欧阳询、颜真卿、赵孟頫并称"楷书四大家"。

柳公权出身于官宦世家，自幼就喜欢学习，酷爱书法，12岁时就能作辞赋，29岁时考中状元。柳公权在唐穆宗、敬宗、文宗三朝任职，他不但是一位名满天下的大书法家，而且是一位品德高尚、诚实耿直、敢于直言的诤臣。

唐穆宗非常喜欢柳公权的书法作品。有一次，他在一座寺院中看到了柳公权的书法作品，心中十分喜爱，于是就想见一见柳公权，探讨一下书法。柳公权当时在地方任职，恰巧来京城办事。穆宗听说后，就召见柳公权，并让他在朝廷任职。有一天，穆宗与柳公权在一起谈论书法，穆宗向柳公权请教说："柳爱卿的书法笔法端正、刚劲有力，可朕却做不到，如何用笔才能把字写好呢？"唐穆宗是一位比较昏庸的皇帝，整天吃喝玩乐，不理朝政，使朝廷毫无威信。于是柳公权借谈论书法的机会，向穆宗劝谏说："陛下，练习书法首先要握正笔，而用笔的要诀在于正心，只有心正了，笔才能正，这与治理天下是同样的道理，只有心正意诚，才能治理好天下呀！"听了柳公权的话，唐穆宗心知这是借谈论书法在劝谏自己，心里非常敬佩，感叹地说："柳爱卿心系天下，真是社稷之臣啊！"从此以后，有所收敛。

唐文宗即位后，有一天，文宗与柳公权等大臣谈论国家兴亡的道理。当谈到汉文帝是古代帝王中最节俭的一位时，文宗把衣袖举起来让大臣们看，还得意地说："朕这件衣服已经洗过三次了，现在还穿着，应该比得上汉文帝了吧！"有一位大臣阿谀奉承道："陛下，您俭朴的程度，远胜于汉文帝啊！"其余大臣也跟着随声附和起来。只有柳公权神情严肃地说："陛下身为天下之主，最重要的职责是用心端正，重用那些才德兼备的人，罢免那些无德无才的人。正心修身，选贤举能，赏罚分明，天下太平，这才是一个君主最宝贵的美德呀！穿洗过的衣服虽然好，但毕竟是小节，不值一提啊！"文宗听了柳公权的这番话后，觉得很有道理，连连称赞柳公权正直敢言、有诤臣的风范，就任命他兼任谏议大夫，给自己提意见。

《论语·子路》云："其身正，不令而行；其身不正，虽令不从。"古人认为正心是最重要的修身途径，思想端正了，才能做到诚实做人、诚信做事。柳公权字如其人，正直无私，耿直敢言，留下了"笔谏正心"的千秋美谈。

诚　意

《礼记·大学》云："欲正其心者，先诚其意。""知至而后意诚，意诚而后心正。"诚意是儒家学派所提出的"八条目"中的一条，往往和正心连在一起，是一种道德修养功夫，为历代大儒所重视。荀子云："君子养心莫善于诚，致诚则无他事矣。"诚意是指端正自己的思想，诚恳自己的心意，使其意念发于精诚，不自己欺骗自己，也不欺骗他人，不迁就自己心中隐藏的不善，从而为善去恶，提升自身的道德修养。诚意就要做到内诚于心，外信于人。

韩延寿诚意自省

韩延寿，字长公，我国西汉时期政治家，汉宣帝时期名臣。他为人注重礼数，重视以德化民，因此深受百姓爱戴，成为我国古代士大夫与君子人格的典型代表。

韩延寿为官向来推崇仁德，崇尚礼义，他以仁德教化百姓，导善去恶，以礼让解决民间纠纷，遇到难题，总是诚恳地从自身反省，以此感化百姓。韩延寿每到地方任职，喜欢聘请当地贤士做自己的顾问，以礼相待，广泛地听取他们的意见和建议，因此在地方声誉很好，很受士绅和百姓们的爱戴。

有一次，韩延寿担任地方太守出巡高陵县时，遇到了这样一件案子。高陵县有兄弟俩因争夺财产闹得不可开交，都希望父母多分些财产给自己，最后竟然大打出手。父母和乡邻都劝不住，只能无奈叹息，兄弟俩反而打得更起劲了。韩延寿了解情况后，感到很悲哀，他不断真诚地反省自己，认为自己德行不够，没有将百姓教化好。于是，让随从前去劝解，兄弟两人看到官差来了，以为是来抓他们的，吓得都住了手。韩延寿见状，下了轿子，赶上前去，向百姓们拱拱手说："各位父老，我是你们的太守韩延寿，作为地方长官，我没有为大家做出表率，以至于这兄弟俩因争夺财产失了和气，大打出手，这全是我无德无能啊！"接着又对俩兄弟说："兄弟如同手足，你们应该相敬相爱。如果做哥哥的不爱护兄弟，做兄弟的不尊敬哥哥，怎么对得起父母呢？我作为太守，没有宣扬好仁德教化，反倒让你们兄弟俩为争夺财产而骨肉相残。这是我没有尽到职责啊！古人讲，只有正心诚意，方能修身、齐家、治国、平天下，看来我要真诚地反省自己的过失。"百姓们以为他只是做官样文章，嘴上说说而已。没想到，韩延寿回府以后，果真把自己关起来，真诚地闭门思过，反省自己的不足。郡中的大小官员听说后，都认真反省施政过程中的过失。

俩兄弟听说后，深刻认识到自己的错误，主动让人绑了自己，袒露上身，背着荆棘，在太守衙门前负荆请罪。韩延寿非常欣慰，赦免了他们的罪过。兄弟俩从此相敬相爱，共守诚信，不再斤斤计较，百姓们也受到教化，不再为小事争执。两年后，在韩延寿的治理下，郡里路不拾遗、夜不闭户，牢狱一空，郡县大治。

俗话说，人以诚立身，国以诚立心。在生活中，遇到困难和问题时，不自欺欺人，以真诚的态度，多从自身诚心反省，这才是解决问题、战胜困难的正确态度和方法。韩延寿诚意思过，以德化民，成功化解民间矛盾，教化百姓为善去恶，是正心诚意、以德修身的典范。

王守仁诚意修身

王守仁，字伯安，浙江省余姚市人，我国明代中期杰出的思想家、文学家、军事家、教育家。他曾因隐居阳明洞，创办阳明书院，被称为阳明先生，后世将他创立的哲学体系"心学"称为"阳明心学"。

王守仁是我国历史上著名的哲学家、思想家，也是历史上少有的做到立德、立功、立言"三不朽"的儒学大师。王守仁品德高尚，教导门生做人要致良知，知行合一，表里如一，言行一致，他的德行风范和人品学问堪称世之楷模。王守仁出身于官宦家庭，13岁时母亲去世，18岁时学有所成，28岁考中进士。后来因得罪刘瑾，被贬到贵州龙场驿做驿丞，他在龙场驿悟道后，创立了自己的学说体系——心学，对后世及东亚地区影响很大。著有《大学问》《传习录》等，传播他的思想学说。

王守仁不仅是一位文能治国的政治家，而且还是一位武能安邦的军事家，他曾平定了宁王朱宸濠发动的叛乱。明武宗即位后，整天吃喝玩乐，不理政事。宁王朱宸濠野心勃勃，处心积虑，他看到明武宗昏庸无能，就乘机起兵15万，在江西南昌发动了叛乱，企图谋夺皇位。王守仁当时正巧在南方平定匪患，他得到消息后，一边及时向朝廷报告，一边率领军队积极平叛。王守仁智勇双全，仅仅用了30多天就平定了叛乱，还俘获了宁王朱宸濠，挽救了一场浩劫，这在当时是大功一件。但明武宗是一位昏庸的帝王，他贪玩好武，喜欢御驾亲征，宁王叛乱消息传到京城后，他异常兴奋，将平定叛乱视为儿戏，还御驾亲征，没想到还没到，叛乱就被平息了，很不甘心。武宗亲信江彬非常妒忌，他诬陷王守仁，散布流言说："王守仁早就和宁王交好，约好共同发动叛乱，因为听到皇帝御驾亲征，才突然倒戈，说不定以后会谋反的。"明武宗对此将信将疑，便召见王守仁。王守仁接到诏书后，立即启程觐见皇帝。江彬得到消息后，又派人在中途阻拦王守仁。王守仁认为，圣人教导要以国家利益为重，淡泊名利，正心诚意，光明磊落。于是他辞去官职，躲到山中读书，修养德行。明武宗得知后，这才醒悟过来，封王守仁为新建伯，以表彰他的德行和功绩。

王守仁讲过，"君子之学，以诚意为主"。修身则在于"正其心"。一个人只有诚其意、正其心，才能做到大公无私，光明磊落，以国家利益为重。王守仁作为心学大师，他以国家利益为重，在受到诬陷时，以正心诚意的修养功夫，坦荡处世，光明磊落，成功化解了危机，渡过了难关。

戒　欺

《礼记·大学》云："所谓诚其意者，毋自欺也。"意思是诚意实质上就是不自欺。南宋著名思想家陆九渊也讲，"慎独即不自欺。"意思是在闲居独处时，更要做到谨言慎行，不自欺欺人。诚信的基本内涵就是戒欺、表里如一、言行一致、诚实不欺。戒欺，简单地来讲，就是时时刻刻警示自己不自欺、不欺人，是诚信的重要规范之一。戒欺有两层基本内涵：一是在日常生活中，要时刻警示自己不自欺欺人；二是有了失信行为，要及时改正，正视错误，勇于改过也是一种诚信。

曾叔卿戒欺修身

曾叔卿，我国北宋时期建昌南丰（今江西省抚州市）人，是唐宋八大家之一曾巩的族兄，考中进士后，官至著作郎（古代负责编修国史的官）。因为诚实守信、品德高洁而闻名乡里。

曾叔卿早年家境贫寒，靠贩卖陶器为生，在闲暇之余，勤奋读书，非常注重修身，将戒欺作为提高个人修养的重要方法。在日常生活和走南闯北的经商过程中，他都能够做到不欺骗他人，也不欺骗自己。江西景德镇是著名的瓷器之都，那里生产的瓷器驰名全国。家乡抚州距离景德镇200多公里，曾叔卿常常借地利之便，在那里贩一些廉价的陶器，运到北方去卖，以获取微薄的利润来养家糊口。

有一次，曾叔卿从江西景德镇进了一批陶器，准备转运到北方去卖。准备出发时，却传来北方闹灾荒的消息，这样一来，陶器肯定会卖不出去的。曾叔卿只好取消行程，准备降价把这批陶器转卖掉。这时候，有位商人得知曾叔卿降价转卖陶器的消息后，就去见曾叔卿，希望买下这批陶器，曾叔卿把陶器卖给了商人。商人载着陶器临走时，曾叔卿想到北方闹灾荒的事情，不知道商人买陶器干什么，就问了一句："您准备买这些陶器来干什么？"商人说："我准备像先生您一样，运到北方去卖。"曾叔卿听后，认为尽管自己日子艰难，好不容易遇到可以将这批陶器转卖的机会，但决不能昧着良心去欺骗别人。于是就坚定地说："请您把这批陶器退给我吧！"商人很奇怪，不知道曾叔卿为什么会突然反悔。曾叔卿解释说："北方现在正在闹灾荒，陶器肯定卖不出去，正是因为这个原因，我才降价转手，怎么能眼睁睁地看着您吃亏呢？您把陶器留下，我把钱退还给您吧！"说完，就把钱退还给了商人。商人感动地说："像您这样的至诚君子，真是少有啊！"

商人走后，曾叔卿的妻子不高兴地说："多好的机会啊！那位商人是主动来购买的，又不是您刻意欺骗他，何况钱货已两清，为什么要退货呢？难道您不知道家中已揭不开锅了吗？"曾叔卿严肃地说："圣贤教导我们要贫贱不能移，诚实戒欺是修身做人之本，我们宁愿忍饥挨饿，也不能昧着良心，唯利是图，自欺欺人啊!"妻子听后，愧疚不已。

北宋著名思想家程颐说:"自谋不诚，则欺心而弃己;与人不诚，则丧德而增怨。"自古以来，先哲就将内不欺心、外不欺人作为修身做人的基本要求。曾叔卿坚持原则，戒欺修身，诚信做人，退还货物，表现出诚信不欺、舍利取义高尚情操和经商道德，为后世树立了典范。

胡雪岩重信戒欺

胡光墉，字雪岩，安徽徽州绩溪人，我国清朝晚期著名的红顶商人，徽商中最杰出代表人物之一。

胡雪岩幼年时，家境十分贫寒，他以帮地主放牛为生。13岁时，父亲去世，为了生计，他孤身在外闯荡，先后在杭州一些商行当过伙计，到钱庄当学徒，从扫地、倒尿壶等杂役做起。后来钱庄老板没有儿子，看重勤劳踏实、诚实守信、聪慧机灵的伙计胡雪岩，将他收为养子，胡雪岩也因此有了经商的基础。胡雪岩一生叱咤商海，白手起家，凭借自己惊人的经商天赋和诚实守信的经商原则，将商铺开遍大江南北，资金最多时达到2000多万两，成为富可敌国的大商人。后来，因功劳受到朝廷封赏，成为亦商亦官的红顶商人。后人将胡雪岩与晚清四大名臣之一曾国藩相提并论，有"为官须看《曾国藩》，为商必读《胡雪岩》"的赞誉。

最能体现胡雪岩坚守诚信经商理念的就是他为胡庆余堂题写的店训"戒欺"二字。胡雪岩经商期间，常常用"戒欺"来警醒自己，不断提升诚信经商的道德素养。1874年，胡雪岩在杭州吴山脚下创办了胡庆余堂，广请名医，研制药品。在开业时，胡雪岩当众写下了"戒欺"匾额，他强调医药是治病救人的仁术，药品的质量关系着患者的生命健康，药店经营的核心理念就是"戒欺"。因此，他要求选购药材质量要上乘、品质要优良，制作药品要精益求精、工艺精良，出售药品要童叟无欺、货真价实，从而对药材采购、药品制作、经营销售等所有环节作了严格的规定。胡雪岩不仅是这样要求的，更是这样做的。有一次，胡庆余堂生产一味镇定通窍的急救药，叫作紫雪丹。按古方要求，这味药必须用金铲银锅来熬制，才能确保药效。胡雪岩为此不惜花费重金，打造了一套金铲银锅，专门用来制作紫雪丹。胡庆余堂的匾额都是向外悬挂，唯独"戒欺"匾是挂在营业厅的背后，这是警示内部员工时时刻刻都要戒欺修身、诚实经营。胡庆余堂以其货真价实的选材原则、精益求精的制药技艺、童叟无欺的经营理念，为胡雪岩赢得了"江南药王"的美誉，与北京百年老字号同仁堂齐名，有"北有同仁堂，南有庆余堂"之誉。胡雪岩发迹后，不忘回馈社会，他热心于慈善事业，乐善好施，多次捐款赈灾，救济穷人。

"修合无人见，存心有天知。"胡雪岩以诚信为本，戒欺修身，心系患者，他深知医药业关系到百姓的生命健康，绝对不能弄虚作假，留下了"戒欺"的佳话。他在我国药业发展史上写下了浓重的一笔，为后世药业树立了光辉典范。

鞭　策

南宋著名诗人陆游在《自勉》诗中云："旦暮勤鞭策，尘埃痛洗湔。"鞭策既是一种自我警示、自我激励、自强不息的品德，又是奋勇直前、走向成功的方法，更是砥砺修身、提升道德修养的途径。我国古代圣贤非常注重这一修身方法，他们通过自我鞭策，居安思危，时刻警戒，坚定信念，从而达到以诚修身，不断进取的目的。

文彦博数豆鞭策

文彦博，字宽夫，号伊叟，我国北宋时期著名的政治家、书法家。他在宋仁宗、英宗、神宗、哲宗四朝担任要职长达五十余年。他为官清正廉洁，政绩卓著，有一代贤相之美誉。

文彦博出身于书香家庭，自幼勤奋好学，博闻强记，聪慧过人。有一次，他和几个小伙伴在草地上踢皮球，一不小心，皮球掉进了树洞里。伙伴们把手伸进洞口取，但怎么也摸不到球，把棍子伸到洞里，也拨不出来。小伙伴们非常着急，正在这个时候，文彦博灵机一动，想到了一个办法，他让小伙伴们用盆子把水灌进树洞，皮球随着水浮上来了。这就是"灌水浮球"的故事，曾被收在以前的小学语文课本中。

文彦博之所以取得很高的成就，他的人品学问之所以受到当时和后世的广泛赞誉，离不开他时时鞭策自己勤于修身、诚实做人。其中，文彦博"数豆鞭策，以诚修身"的故事最为著名。少年时期，文彦博为了鞭策自己，修身自省，就为自己准备了两个瓷罐，每天晚上都会真诚地反省自己一天的所作所为。每当做一件好事时，就往一个瓷罐中放一粒红豆；而每当做一件错事时，就会在另一个瓷罐中放一粒黑豆。他放豆子、数豆子时，总是认认真真，老老实实，从不自欺欺人。过一段时间后，他会数一下红豆和黑豆的数量，进行对比，以鞭策自己，规范自己的言行，磨砺身心、修身养性。经过不断鞭策反省后，慢慢地红豆越来越多，黑豆越来越少，他的人品学问、道德修养也随之越来越高。文彦博长大以后，成为一位人品学问都很好的栋梁之材。后来，他心系百姓，政绩卓著，成为北宋王朝的一代名相。

古人讲："有志者，事竟成。"自我鞭策，可以使人不忘初心、责任与担当，不迷失自我，砥砺修身。文彦博通过放豆子、数豆子的方式自我鞭策，他以诚修身，自省改过，不断进取，人品学问都得到了极大的提高，终于成为一代名臣。

毕秋帆鞭策践诺

毕沅，字纕蘅，小字秋帆，自号"灵岩山人"，我国清代著名学者、藏书家、官员。他在史学、金石、书画、地理等方面都有建树，还善于诗文，著有《续资治通鉴》，在后世享有盛誉。

毕沅出生于书香之家，他的父亲是进士出身，为人坦荡，诚实正直，因得罪权贵，被贬到四川省内江县任知县，在当地百姓中口碑很好。母亲张藻能诗能文，学识渊博，是当时有名的才女。毕沅小时候，父亲就去世了，在临终前叮嘱家人要节俭过日子，不要因丧事收取亲友故交赠送的财物，还叮嘱妻子将毕沅教育成为一个忠厚诚实的人。毕沅在母亲的教育下，发愤读书，诚信做人。后来，毕沅考中进士，先后出任过山东、河南、陕西等地巡抚，官至湖广总督。

毕沅青年时期，有一次，父亲的一位高姓好友来家中看望。他见毕沅少年丧父，家境贫寒，但人品学问俱佳，将来前途不可限量，于是就把小女儿许配给毕沅。毕沅结婚以后，夫妻感情很好，但高家另外两个女婿仗着家财万贯，经常挖苦、嘲讽毕沅，妻子在娘家也抬不起头来。毕沅觉得妻子因为自己受到了羞辱，就对妻子许诺说："为了给我们争这一口气，从今以后，我要发愤读书，不考取个功名，绝不回家！"毕沅果真离开家，在附近湖边建了一间草屋，用功读书。他时刻以在岳丈家受到的羞辱鞭策自己，不断自励，决心一定要兑现对妻子的承诺。他经常读书忘记了时间，有一次，天降暴雨，湖水上涨，眼看就要淹没草屋，他却浑然不知，读书读得津津有味。有一位渔夫看见了，将他叫出来。"苦心人，天不负。"经过一番苦读，终于在乾隆二十五年科举考试中，被乾隆皇帝钦点为状元，这才回到家中。

自我鞭策是不断前进、保持昂扬斗志的动力，是摆脱惰性、自强不息的保障。毕沅知耻而后勇，为了兑现自己对妻子的承诺、赢得尊严，他不断自我鞭策，砥砺奋进，发愤读书，终于考取状元，功成名就，得偿所愿。

第六章 失信警世

　　孔子云："人而无信，不知其可也。"这句话强调诚信是一个人立身处世之本。北宋著名思想家、文学家周敦颐有句名言，"诚，五常（仁、义、礼、智、信）之本，百行之源也。"将诚信视为"五常"的基础，百业兴旺的源泉。先贤们强调了诚信对个人、对家庭、对社会、对国家的重要性，正所谓"人无信不立，业无信不兴，国无信则衰。"即如果个人不讲诚信，个人就无法立足于社会；从业不讲诚信，事业就不会兴盛；国家没有诚信，国家就会走向衰败。

　　《周易》云："天之所助者，顺也；人之所助者，信也。""积善之家，必有余庆；积不善之家，必有余殃。"在历史和现实生活中，有人因诚实守信兴国安邦，有人因诚实守信兴家旺业，有人因诚实守信声名卓著；有人因轻信他人而亡国败业，有人因疑心过重而国衰业毁，有人因不守承诺丧命败家。对比之后，这些事例都有警世、借鉴价值。总之，诚实守信既是一种善德，又是一种道义，更是一种良好的社会风尚。对个人而言，它不仅是一种美德，而且是一种社会责任、道义、良知和行为准则。在现实生活中，诚实守信不是没有原则和界限的，必须建立在正义、公道、善行的基础之上。守信践诺并不是毫无原则、墨守成规，善意的谎言并不违背良知。在历史上，一些人因不讲原则，一味轻信他人、守信践诺，给国家、百姓和个人带来巨大损失，留下了惨痛的教训，成为后世的镜鉴。

唐太宗有句名言："以铜为镜，可以正衣冠；以史为镜，可以知兴替；以人为镜，可以明得失。"有哲人讲过，读史可以明智。本章分为亡国、败家、毁业、丧身、毁誉、变通六类，每一类为一节，由引言与三个历史故事组成。从不同视角对诚信进行解读，所选取的历史故事对现实生活都具有警示启迪意义。

亡 国

《左传》中讲："信，国之宝也，民之所庇也。"意思为诚信是国家的根基，是保护民众赖以生存的根本。早在先秦时期，先贤们在治国理政的实践中，就认识到诚信是治国的根本法宝，取信于民是得民心、定江山、安社稷的基础。在我国古代历史上，不乏有帝王，或因失信于民、或因轻信他人、或因猜忌大臣等原因而丧身亡国，留下惨痛的教训，成为后世的镜鉴。

周幽王失信亡国

周幽王，姬姓，名宫涅，周宣王之子，西周王朝第12任君主，死后谥号幽王。他是我国历史上有名的昏君，因上演烽火戏诸侯的闹剧而闻名于后世。

周幽王即位后，贪图享乐，不理国事，朝政昏暗，民不聊生。他即位后第二年，都城镐京周围发生了大地震。幽王不管百姓死活，只顾自己享乐。褒国国君见这样下去就会亡国，于是劝谏幽王，幽王不但不听，反而还派军队讨伐褒国，还把他囚禁起来。大臣们知道幽王喜好美色，就选了一些美女送给幽王，救回了国君。这些美女中，有一位叫褒姒的，长得国色天香、美如天仙，幽王对她宠爱极了。

褒姒是位冷美人，从来不笑，幽王想尽办法，也难博得美人一笑，为此煞费苦心。于是下令，谁有办法博得褒姒一笑，就赏赐千金。有位佞臣出了个馊主意，就是点燃烽火台，其他大臣听后，认为万万不可。原来西周王朝衰落后，北狄部落经常来犯镐京，为了保卫镐京，就以镐京为中心，向四方每隔十几里修一座高台，称作烽火台，当镐京遭到进犯时，点燃烽火台，一站又一站地传出，会很快传到四方，诸侯就会带兵勤王救驾。此时，周幽王为博得褒姒一笑，利令智昏，不听劝告，下令点燃烽火台。果然，过了半天，诸侯们陆续带兵前来勤王，他们没见到敌人，乱作一团。褒姒见到这种场景，觉得有趣之极，开心地笑起来。幽王高兴极了，重赏了那个出主意的佞臣，诸侯们见此愤怒无比。

周幽王为了讨褒姒欢心，竟然不顾大臣们的反对，废掉了王后和太子，册封褒姒为后，立褒姒的儿子为太子。原来的王后是申国国君的女儿，申国国君对此很不满，幽王得知后，准备讨伐申国。申国国君先发制人，联合犬戎部落进攻镐京。镐京告急，幽王下令点燃烽火台，诸侯们以为幽王又在戏弄他们，都按兵不动。结果，镐京被攻占后，洗劫一空，幽王被杀，褒姒被俘，西周灭亡。

《左传》中讲："无信患作，失援必毙"，大致意思是不守信义引起了灾祸，就会失去援助而招致败亡。周幽王为博得褒姒一笑而失信于诸侯，当灾难降临时，无人救援，最终丧身亡国，成为千秋笑料。当然，将西周的灭亡归罪于褒姒，这是传统典型的红颜祸水论。但周幽王烽火戏诸侯的惨痛教训，成为后世帝王修身治国的反面教材和重要警示。

楚怀王轻信败国

楚怀王，芈姓熊氏，名槐，楚威王之子，战国后期楚国国君，是我国历史上著名的昏庸君主。

战国后期，经过变法运动和长年累月的兼并战争，"七雄"（秦、楚、燕、韩、赵、魏、齐）之间力量对比发生了巨大变化。秦国经商鞅变法后，国力大增，成为"七雄"中的第一强国，最具有统一天下的实力，其次是楚国、齐国和赵国。为了统一天下，秦、楚、齐、赵几个强国继续进行兼并战争。秦国实力最为雄厚，为了统一，采取"远交近攻"和"连横"的策略，与远处的诸侯结盟或缓和关系，进攻邻国，兼并他们的土地。楚、齐、赵等诸侯国，仅凭一国之力，难以与秦国抗衡，于是联合起来，共同抵御秦国，这就是"合纵"。

楚国是当时疆域最大的诸侯国，与秦国相邻，互相征伐，向来不合。楚怀王执政后期，楚国与齐、赵等国结盟，准备进攻秦国。秦王派张仪游说楚怀王，以瓦解楚、齐等诸国联盟。张仪利用了楚怀王贪婪轻信、优柔寡断的弱点，游说楚怀王说，如果楚国与齐、赵等国交恶，转而与秦国结盟，秦国就赠送600里土地给楚国。楚怀王利令智昏，竟然信以为真，不听大臣劝阻，欣然同意，派使者与齐、赵等国绝交。随后，派使者去秦国讨要600里土地，张仪矢口否认，说自己只许诺把6里的封地赠送楚国。楚怀王觉得被张仪愚弄，勃然大怒，兴兵伐秦。齐、赵等国对楚怀王出尔反尔、不守盟约的行为十分愤怒，与秦国联合伐楚，楚国大败，丧失了大片国土。楚怀王不甘受辱，愿意用土地换回张仪杀掉，以解心头之恨。换回张仪后，又在张仪的花言巧语下放虎归山，后来又后悔不已。

公元前299年，秦国大败楚国，占领了楚国大片国土。两国战事还没有结束，秦昭王突然派使者约楚怀王来秦国议和。屈原等大臣认为这是秦国的阴谋诡计，劝楚怀王不可只身犯险。楚怀王不但没有吸取上次教训，竟然天真地认为，自己光明正大地去秦国，秦昭王身为大国国君，绝不会害自己。于是不听劝告去了秦国，结果被秦昭王囚禁起来，最后死在秦国。楚国从此迅速走向败亡之路。

俗话说："害人之心不可有，防人之心不可无"。轻信是人性中的一大弱点，盲目地轻信，往往会付出沉重的代价。古训讲："吃一堑，长一智。"楚怀王作为一国之君，利欲熏心，处在乱世之中，不经深思熟虑，盲目轻信秦国使者，付出沉重代价后，不仅没有吸取教训，反而再次轻信秦国，一错再错，最终付出了惨痛的代价，导致自己身死敌国，楚国也迅速败亡。

崇祯猜忌毁长城

朱由检，字德约，我国明代第16位皇帝，年号崇祯，庙号思宗，后世称"崇祯帝"或"明思宗"。他是明朝的末代皇帝，也是一位被后世怜悯的悲剧皇帝，闯王李自成攻陷北京后，自缢身亡。

明熹宗朱由校16岁即位，年仅23岁就病逝了，他没有儿子，临终前下诏让同父异母弟弟信王朱由检即位，年号崇祯。当时明朝面临严重的内忧外患，已是日薄西山。朱由检即位时才16岁，正是朝气蓬勃的年龄，他雄心勃勃，希望能够力挽狂澜，再创明朝昔日辉煌，实现中兴。在即位之初，朱由检就采取断然措施，迅速铲除了以魏忠贤为首的阉党势力，使朝堂气象为之一新。铲除阉党势力后，朱由检信心大增，奋发图强，励精图治，这也为他形成过于自信、刚愎自用的性格埋下了隐患。

朱由检即位初期，关外的清政权占据辽东，危及都城北京，是明朝的最大威胁。因此，收复辽东、解除京城威胁，成为当务之急。袁崇焕是明末抗清名将，在明熹宗天启年间曾率领明军在抗击清军的战争中，取得宁远和宁锦大捷，声望很高。于是朱由检将收复辽东的重任交给了原任辽东巡抚袁崇焕。袁崇焕到任后，经略辽东，治军有方，有力地遏制了清军的攻势，令清帝皇太极非常忌惮。皇太极利用朱由检刚愎自用、生性多疑的弱点，实施反间计，使他不再信任袁崇焕。朱由检果真中计，以通敌的罪名将袁崇焕凌迟处死，家人流放三千里，一代名将含冤负屈而死。袁崇焕被处死后，皇太极非常高兴，率兵很快攻陷了宁远城，明军从此处于被动防守态势。

古人讲："任贤勿猜，可以兴矣。"意思是重用贤能的人，就要充分地信任，这样国家就会兴盛。俗话说，用人不疑，疑人不用。崇祯皇帝朱由检作为一代帝王，一言一行关乎天下安危，尽管他勤于政事，励精图治，然而志大才疏、刚愎自用、急躁多疑的性格是一个帝王致命的缺陷。他因猜忌而错杀袁崇焕，无异于自毁长城，加速了明朝的灭亡。

败　家

古训云："以诚信威严为治家之道。"意思是管理家庭最好的方法莫过于诚信与威严。自商周以来，我国逐渐形成"家国同构"的社会，即家是国的基础，国是家的延伸。明代思想家顾宪成为东林书院撰联，其下联曰："家事国事天下事，事事关心"，家国天下事是一脉相承、密切相连的。古人提出了"诚信立家""诚信治家"的理念，经过古代社会的长期实践证明，诚信治家，家业必然兴旺；不守信用，家业必然衰败。

朱公子失信表弟

范蠡是我国春秋末期著名的政治家、军事家和谋略家，因经商有道，乐善好施，被后世商家尊为"祖师爷"，隐退后长期在陶地经商，人们又称他为陶朱公。

范蠡帮越王勾践灭掉了吴国，勾践成为春秋后期的霸主。在功成名就之后，他辞去官职，离开越国，来到陶地经商，成为大商人，当地百姓称他陶朱公。陶朱公生有三个儿子，大儿子是发家前出生的，二儿子是功成名就后出生的，小儿子是成为富商后出生的。其中，大儿子最能吃苦，爱惜钱财；二儿子善于经商，是陶朱公的好助手；小儿子出手阔绰，为人大方，一掷千金。

有一次，陶朱公的次子在楚国经商时，与人发生纠纷，失手打死了人，按照楚国的法律，要在秋后问斩。家人得到消息后，非常着急。陶朱公安慰说："我听说'千金之子，不死于市'（意思是富贵人家子弟犯

127

了死罪，可以免除服刑），我来想办法救人。"原来陶朱公在楚国有个朋友叫庄生，是楚国的名士，在朝堂有较大的影响力，受过朱公的恩惠。陶朱公给庄生写了一封信，准备让小儿子带着千金去楚国解救二儿子。这时候大儿子不同意了，认为自己是长子，如果不能替父亲分忧，还不如死去算了。陶朱公没有办法，只好让大儿子去楚国。大儿子来到楚国后，首先拜见庄生，送上朱公的信和千金。庄生看完信后，让陶朱公的大儿子回去等消息。又对妻子说："陶朱公对我有恩，我不得不救他的儿子，只是这些金子不能收，等这件事情办好后还给陶朱公。"恰好这时楚国都城遭遇旱灾，庄生就进见楚王，他说："大王，今年遭逢大旱，天上星象有异，应该大赦天下来化解。"楚王准备第二天宣告大赦天下。陶朱公的大儿子并没有听庄生的话，继续留在楚国都城，他得到消息后，认为既然楚王大赦天下，弟弟在大赦范围内，那还需要花费千金吗？就连夜去庄生家，想把千金讨要回来。

庄生见到陶朱公的大儿子后，大吃一惊，知道其来意，就让他把千金搬走。庄生认为陶朱公的大儿子不守信用，自己被晚辈愚弄，非常生气，第二天天刚亮就去见楚王。他对楚王说："大王，您大赦天下是为了楚国百姓，但我听人们传言说，大富商陶朱公的二儿子犯了死罪，大臣被他贿赂，百姓传言说您是为了陶朱公的儿子才大赦天下的。"楚王听了非常生气，下令立即处死陶朱公的二儿子，然后才大赦天下。噩耗传来，陶朱公的大儿子悲伤不已，后悔万分，只好载着弟弟的尸体回家。

言而无信、不守承诺，必然会给家庭和事业带来无可挽回的损失。陶朱公虽善于经商，却疏于教子，大儿子出生于贫困之时，没有得到陶朱公的正确教导，以至于把金钱看得比诚信还要重，致使弟弟丧生，给家庭带来了不可挽回的损失，这一教训是非常惨痛的。当然，陶朱公通过非常手段使儿子免于刑罚的做法也是不可取的。

卫吴起杀妻求将

吴起，卫国人，我国战国初期杰出的军事家、政治家、改革家、法家学派的先驱。他与春秋时期的"兵圣"孙武合称"孙吴"，都是先秦时期兵家代表人物。

春秋战国时期既是我国历史上大动荡、大变革的时代，又是一个群星灿烂，大师辈出的时代。正所谓"乱世出英雄"，吴起就是这个时代的骄子。他出生在卫国的一个富裕家庭，博学多才，通晓兵、法、儒三家思想，醉心于功名利禄，一生先后在鲁、魏、楚三国担任重要职务。吴起在政治和军事两方面都有非凡的成就，在政治方面，他主持楚国变法，使楚国成为战国初期的强国；在军事方面，他不仅著有《吴子兵法》，还担任将领打过许多胜仗。

吴起为人刻薄，太过热衷于功名利禄。早年为了求得一官半职，四处奔走，寻求门路，因而倾家荡产。受到乡里人嘲笑后，他一怒之下，杀人泄愤后，抛弃家人，亡命天涯。后来，母亲去世后，他也不回乡奔丧。在卫国时，吴起的妻子没有完全按照他的要求织一条丝带，就休掉了妻子。后来，吴起又娶了齐国女子为妻。吴起在鲁国时，就以善于用兵而声名鹊起。齐国突然向鲁国发动战争，鲁国是小国，一时之间，找不到合适的人做将领。有人向鲁国国君推荐吴起，吴起的妻子是齐国宗室之女，大臣们担心吴起会临阵倒戈，不利于鲁国。吴起为了功名富贵，就残忍地杀害了自己的妻子，以取信于鲁国。吴起虽然得到了大将职位，也打败了齐国，但因杀妻求将，在鲁国影响非常恶劣，不再受到信任。后来，他又到楚国主持变法，因为待人刻薄寡恩，楚悼王去世后，吴起被反对派杀害。

吴起一生成就非凡，但在治家方面，为了求取功名、获得富贵，对母亲不仁不孝，对妻子薄情寡义。为了功名利禄，不能坚守夫妻信义，杀妻求将，为人刻薄寡恩，最终落个家败人亡的下场。

光宗疑父乱家国

赵惇是我国南宋王朝的第三位皇帝，年号绍熙，庙号光宗，后世称为宋光宗。他是宋孝宗赵昚的第三个儿子，也是我国历史上平庸无能的帝王之一。

宋孝宗北伐失利后，晚年心灰意冷，把收复中原的希望寄托在儿子身上，于是在淳熙十六年（1189年），将帝位禅让给儿子赵惇，史称"绍熙内禅"。后世称赵惇为宋光宗，他即位时，已42岁，但生性懦弱，平庸无能，猜疑心重。宋光宗在继位初期，踌躇满志，能够听取大臣的谏言，裁汰了一些庸官，颇有革故鼎新的气象。但好景不长，很快性格上的弱点暴露出来，加之身体时好时坏，皇后李凤娘强势干政，导致朝政乌烟瘴气。

南宋第一位皇帝高宗赵构，通过禅位把皇位传给宋孝宗，自己做了25年的太上皇。宋光宗自从被立为太子后，希望父亲宋孝宗像爷爷宋高宗那样把皇位禅让给自己，但一直做了19年太子后，才当上了皇帝，这使他对父亲很不满。光宗即位以后，皇后煽风点火、挑拨离间，加之宦官谗言，他总是疑心父亲孝宗会害他，更担心失去皇位，不愿见自己的父亲。在我国古代社会，以孝治天下是帝王治国理政的一条金科玉律，孝敬不仅是皇帝的家事，也事关天下事，尤其是北宋以来，皇帝如果不孝顺，就会引起朝野动荡，天下不宁。宋孝宗非常孝敬高宗，在这方面树立了典范，而光宗却因为猜疑，不去看望孝宗，这在大臣和百姓中引起轩然大波。大臣们纷纷劝谏，地方士绅和学子们也上书施压，这样一来，光宗更加猜疑孝宗，担心自己被废除。宋孝宗去世后，光宗身为儿子，竟然不去守孝，也不处理丧事。搞得家不像家，国不像国，大臣们失望透顶，再也无法容忍，征得太皇太后同意后，结束了光宗5年的皇帝生涯，立他的儿子赵扩即位，后世称为宋宁宗。南宋王朝从此走向衰落。

俗话说，家无信不和，业无信不兴。家庭成员之间的相互信任是家庭和睦、生活幸福、家业兴旺的基石。宋光宗生性懦弱、平庸无能，德不配位。他因过度担心丧失皇位而变本加厉地猜疑自己的父亲，最终导致家庭不和、朝野动荡、天下不宁，南宋王朝也因此迅速走向了衰落。

毁　业

《尚书·周书·周官》云："功崇惟志，业广惟勤"，意思是取得伟大的功业，是由于有伟大的志向；完成伟大的功业，在于辛勤不懈地工作。古代圣贤非常重视功业，将它视作实现抱负、青史留名的目标。在我国古代社会，可以将"业"理解为学业、功业、事业、家业等，既是个人的成就，也是集体的成就，更是一个人立身处世之本。在历史上，或因背信弃义、或因猜疑过重、或因贪心失信，毁掉事业或功业的事例比比皆是，给后人留下了深刻的教训。

晋惠公失信毁业

晋惠公，姬姓，名夷吾，我国春秋时期晋国第20任君主，晋献公之子，"春秋五霸"中的晋文公之弟。

公元前656年，晋献公有位宠妃叫骊姬，她为了让自己的儿子成为太子，就设计向晋献公进谗言，诬陷太子申生谋反，申生被迫自杀。骊姬借机诬陷晋文公和晋惠公参与谋反，兄弟俩逃出晋国。公元前651年，晋献公去世，晋国政局动荡，在秦穆公的干预下，晋惠公于年底即位，晋国稳定下来。

春秋时期，秦国与晋国宗室之间互通婚姻，世代交好，因此，后世将两姓联姻称为"秦晋之好"。晋惠公当初为了得到秦穆公的支持，当上晋国国君，许诺将晋国的河西地区割让给秦国，还许诺给支持自己上位的晋国大臣里克封地。晋惠公做了国君后，却违背诺言，不愿将河西之地割给秦国，还借口杀死里克。这引起秦国的不满，晋国朝野对晋惠公背信弃义、过河拆桥的行为也颇有微词。

公元前647年，晋国大旱，好多地方颗粒无收，饥荒严重，秦国丰收，于是晋惠公向秦国求助。秦国上下对晋惠公背信弃义的行为一直不满，反对救助晋国，有的大臣甚至主张乘机攻打晋国。大夫百里奚却说："各国都有可能发生天灾，援助邻国、救济百姓，是我们应尽的道义。"秦穆公也说："晋惠公背信弃义，虽然可恶，但秦晋世代交好，何况晋国的百姓是无辜的，我们应该救助他们。"于是秦穆公派了大量的船只运载粮食，从秦国都城运往晋国都城，船只络绎不绝，史称"泛舟之役"。秦穆公不计前嫌，救助晋国，深得人心。第二年，秦国发生饥荒，晋国丰收，于是秦穆公向晋国求助，晋惠公却听信谗言，落井下石，乘机发兵攻打秦国。秦穆公率军队与晋国作战，晋惠公不得人心，兵败后被秦军俘虏。

《孟子·公孙丑下》云："得道者多助，失道者寡助。"诚实守信是符合道义的行为，必然得到人心；背信弃义是违背道义的行为，必然失去人心。晋惠公为了谋求国君之位，甘愿割让土地，封官许愿，当上国君后，却背信弃义、自食其言。而秦国遭遇旱灾时，他却趁火打劫、火中取栗，大失人心，与秦穆公形成鲜明对比，失败也是必然的。

赵君猜疑毁霸业

赵国是我国战国时期著名的"七雄"之一，是战国中后期的霸主，也是在军事力量方面唯一可以和秦国抗衡的国家。俗话说，用人不疑，疑人不用，赵国的两任国君犯了同样的错误，猜忌大将，最终毁掉了霸业，使国家走向败亡。

春秋末期，晋国公卿赵、韩、魏三家瓜分晋国，成为新的诸侯，齐国由田氏取代姜氏执政，历史进入战国时代，赵国在当时只是其中一个中等诸侯国。赵武灵王推行"胡服骑射"改革，兼并了中山国后，赵国一跃成为东方六国中最强大的国家。加之赵国民风剽悍、崇尚武力，像赵奢、蔺相如、廉颇、赵胜、李牧等这样的名相良将辈出，使赵国成为足以与秦国相匹敌的霸主，地位举足轻重，与秦国展开数十年的争霸战争。

赵孝成王时，秦国发动长平之战，赵国派老将廉颇抵御。廉颇扬长避短，坚守不出，秦军久攻不下，无可奈何。这时候，秦国利用赵孝成王年轻气盛，不怎么信任廉颇这一弱点，实施离间计，派人到赵国都城散布流言说："廉颇不敢主动出击，是准备投降秦国，秦军最怕名将赵奢的儿子赵括担任将军。"一时之间，流言四起。赵孝成王听到流言后，本来就不大信任廉颇，而赵括善于谈论兵法，名气很大，于是力排众议，临阵换将，让赵括担任将军。赵括只知纸上谈兵，没有军事经验，贸然出兵，结果大败，40万赵军被俘虏后坑杀。赵国只能割地求和，地位一落千丈，失去了霸主地位。

长平之战后，赵孝成王痛定思痛，重新起用廉颇等人，经过赵国上下的努力，在战场上取得了一些胜利，赵国出现了短暂的复兴。赵王迁时，李牧成为继名将廉颇之后赵国的中流砥柱，他因功被封为武安君，与白起、王翦、廉颇合称"战国四大名将"。公元前229年，秦王政派大将王翦攻打赵国，赵王派李牧率兵抵御。李牧与王翦都是齐名当时的名将，几场战斗下来，打了个平手，秦军远离本土，时间拖得越久越不利。秦国故技重施，又施离间计，一方面让王翦不断给李牧写信，假意议和；另一方面派人贿赂赵王的宠臣，向赵王谗言说："秦王答应李牧投降，灭掉赵国后，封李牧为代王。"赵王派到李牧身边的亲信发现李牧与王翦有书信往来，并将这一情况报告给赵王。这样一来，赵王对李牧即将投敌叛国深信不疑，派人接替李牧，还处死他，就这样自毁长城。从此，王翦再无敌手，赵国很快惨败，不久被秦国所灭。

俗话说，用人不疑，疑人不用。赵国两任君主都因为猜疑，不信任部下而中了秦国的离间计。赵孝成王因此毁掉了赵国千辛万苦得来的霸业，赵王迁因此成为亡国之君，使赵国万劫不复，这一教训非常深刻。

李沙庚失信败业

清朝乾隆年间，江西南昌城有一家点心店，店主叫李沙庚，是一位诚实精明的生意人，生意做得非常好。

刚开店时，李沙庚做事细致勤快、待客热情周到，他秉持诚信经营、薄利多销的经商原则，再加上点心的确做得很好，不仅分量足，而且味道好，价格公道，货真价实，受到老百姓的欢迎，在南昌城声誉很好。因此，他的店里经常顾客盈门，生意兴隆，不到两年的时间，便在南昌城扩建店面，购置房屋，还在老家购买了田地，日子富裕起来。随着生意的扩展，李沙庚动了贪婪之心，起了歪心眼。他店里制作的点心的分量没有原来那么足，味道也不可口了，价格却比原来贵了。原来他让点心师傅们偷工减料，弄虚作假，糊弄客人，以求获得暴利，对顾客也怠慢起来。这样一来，以前树立的声誉毁于一旦，店面冷落，生意一落千丈，逐渐走向没落。李沙庚一家人坐吃山空，费尽力气积累起来的家业也几乎败光了。

眼看店面即将倒闭，有一天，闻名天下的文学家、书画家郑板桥先生光临小店。李沙庚得知后大喜，请郑板桥题写店名，希望借助这位名家的人气，东山再起。郑板桥了解事情的来龙去脉后，一口答应，挥毫题写了"李沙庚点心店"六个大字。郑板桥先生光临小店的消息传出后，引来附近的文人墨客、商户百姓观看，都在欣赏郑板桥先生的墨宝。一些书生议论纷纷，李沙庚既高兴又好奇，仔细一看，原来"心"字少写了一点，于是请求郑板桥补上这一点。郑板桥笑着说："你以前生意兴隆，就是因为心实，有这一点。现在生意萧条，家业衰败，是因为心空，没有这一点。其实这一点就是诚信啊！"李沙庚听后，恍然大悟，周围人也频频点头称是。从此以后，李沙庚痛改前非，诚信经营，生意又逐渐好起来。

《孟子·离娄上》云："诚者，天之道也；思诚者，人之道也。"这句名言强调了诚信是做人做事的基本原则。对于企业家和商家而言，诚信和口碑是一笔无形的资产，是事业健康持续发展的关键。李沙庚的事业因诚实守信、货真价实而起家，因贪图小利、弄虚作假几乎毁于一旦，教训是深刻的。

丧　身

北宋著名理学家程颐有句名言："人无忠信，不可立于世。"自古以来，历代先贤们就将诚实守信作为个人立身处世之本，并身体力行，留下了许多守信践诺的千秋佳话。同时，也有一些历史人物或因不守诺言，或因过度猜疑，或因出尔反尔而丢掉了自己的性命，成为警示后人的反面教材。

齐襄公失信丧身

齐襄公，姜姓，吕氏，名诸儿，我国春秋时期齐国第14位国君，姜太公后裔，齐桓公同父异母哥哥。他在位期间胡作非为，荒淫无道，昏庸无能，不守信用，后来被大臣们杀死。

公元前688年，齐国联合宋、鲁、陈、蔡几个诸侯国攻打卫国，卫国在当时是小国，很快被攻陷。由于卫国属于姬姓诸侯国，国君是周武王的弟弟康叔的后裔，齐襄公担心周天子派兵讨伐齐国，于是派大臣连称、管至父到葵丘（今河南省商丘市）驻守。当时军队驻守是一年一换，因此齐襄公与连称、管至父约定到第二年瓜熟时节派人去替换他们。一年飞逝而过，瓜熟时节也过去了，连称和管至父望眼欲穿，始终没有等到替换他们的军队，于是就请求齐襄公按照约定，派军队替换他们，但齐襄公却不同意。连称和管至父对齐襄公言而无信的行为感到非常不满，于是准备策划叛乱。

齐襄公的堂弟公孙无知早年丧父，因此得到齐襄公的父亲齐僖公的宠爱，以至于服饰礼仪等种种待遇都和太子一样，这让齐襄公非常妒忌。齐襄公即位后，马上取消了公孙无知的待遇，这也引起了公孙无知的怨恨。连称、管至父便利用公孙无知与齐襄公之间的矛盾，积极谋划叛乱。连称的堂妹是齐襄公的妃子，却得不到齐襄公的宠爱，因此对齐襄公心怀怨恨。公孙无知了解这一情况后，就指使连称的堂妹利用妃子身份，在齐襄公身边做卧底为自己传递情报，并承诺当了齐国国君后，让她做自己的夫人（国君的正妻）。

公元前686年冬天，齐襄公外出打猎，受到野猪惊吓后，从车上掉下来摔伤了脚，还将鞋子弄丢了。齐襄公回宫后，就让一个名叫费的随从去找自己丢失的鞋子，找了老半天也没找到，齐襄公非常生气，就命士兵将费打得皮开肉绽。公孙无知听说齐襄公受伤，便联络连称、管至父等率领亲信，带着武器，准备突袭齐襄公的行宫。他们在宫门口遇到费，费对齐襄公忠心耿耿，他得知公孙无知的来意后，便假意投靠，并解开衣服将自己的伤给公孙无知看，以取得信任。公孙无知看到费的伤后，就让他在前面探路。费进宫后，立即将齐襄公隐藏到门后，并组织侍卫在宫殿门口抵御。不一会儿，公孙无知与亲信们进来，费率侍卫们誓死抵抗，由于寡不敌众，很快被全部杀死。公孙无知命手下尽快找到齐襄公，有个士兵突然看到宫门后边露出一双脚，将门后的人拉出来一看，果然是齐襄公，随即把他杀掉，公孙无知自立为齐国国君。这个典故就叫"及瓜而代"。

《左传·襄公二十二年》中提出了"失信不立"的古训，就是一个人如果失去了信誉就无法得到他人的认可，就无法立足于社会。古人讲，"君无戏言""金口玉言"，我国历代贤明君主无不把重信守诺、守信践诺作为治国理政的基本原则。齐襄公言而无信，出尔反尔，德不配位，招致大臣怀恨在心，最终丧命于叛乱中。

蔡桓公讳疾忌医

蔡桓公，姓田，名午，我国战国时期齐国国君，《史记》中称其为齐桓侯。战国初年，田姓贵族取代姜太公的后人，做了齐国的国君，蔡桓公是第三任田姓齐国国君，所以又称田齐桓公。

蔡桓公在位期间，在齐国创建稷下学宫，广招天下贤才，一时之间，齐国人才济济，国家逐渐强盛起来。蔡桓公所作所为，不失为一位英明君主，但他有一个缺点，就是过于相信自己的身体，不相信医生，最终带着遗憾病逝。

当时的名医扁鹊，原名秦越人，医术高超，有神医之美誉。他医德高尚，云游四方，为百姓解除病苦，深受各诸侯国百姓的敬重。有一次，扁鹊来到齐国行医，拜见蔡桓公时，仔细看了看，发现蔡桓公的气色不好，就认真地说："您生病了，现在只是在肌肤下，如不及时医治，恐怕会严重起来。"蔡桓公听后，根本不信，还不以为然地对扁鹊说："我自己的身体自己清楚，好得很！不劳您挂心。"扁鹊刚走，他就嘲笑说："现在的医生太喜欢追求名利了，通过给没病的人治病，以此来显示自己的医术高明，真是太可笑了！"

过了十天，扁鹊又见到蔡桓公，他看了看蔡桓公的气色，严肃地说："才耽误了几天，您的病已经发展到肌肉里去了，如果再不治疗，就会更严重了。"蔡桓公听后，很不高兴，也不搭理扁鹊，扁鹊只好离开。又过了十天，扁鹊又去探望蔡桓公，他看了蔡桓公后，大惊失色地对蔡桓公说："您不相信我，现在病已经进入到肠胃中了，如果再不医治，就有生命危险，请让我给您医治吧！"蔡桓公听后，气得翻了脸，拂袖离开。扁鹊见此，叹了口气，摇摇头，就离开了。再过了十天，扁鹊第四次来见蔡桓公，他一见到蔡桓公，一句话也不说，转身就离开了。蔡桓公感到十分奇怪，就派人去追问原因，扁鹊重重地叹了一口气，沉痛地对来人说："病在皮肤下，用热水敷一下，就能治好；病在肌肉里，用针灸一下，也能治好；病在肠胃里，吃几服汤药，还是可以治好的。但是你们的国君根本不相信我，多次不听劝告，拒绝医治，现在他的病已蔓延到骨髓里，就是想医治，我也无能为力了。"听了随从的传话后，蔡桓公还是不信，不以为然。五天后，蔡桓公的病发作了，浑身疼痛，生命垂危，这时候才急忙派人去找扁鹊医病，但为时已晚。原来扁鹊知道蔡桓公的病无药可救，又怕加害自己，早已经逃到秦国去了。不久，蔡桓公不治而亡。

俗话说："良药苦口利于病，忠言逆耳利于行。"信任是架起友谊的桥梁，而猜疑却是人性的一种本能，但猜疑必须建立在理性判断的基础上，应该有一定的界限。蔡桓公不相信扁鹊，不能正视自己的疾病，自以为是，不听良言，讳疾忌医，最终含恨而终，这个教训是非常深刻的。

济阴商失信丧命

刘基，字伯温，我国明代初期著名的政治家、文学家，明朝的开国元勋。和蜀汉丞相诸葛亮相似，刘伯温在民间是一位家喻户晓的传奇人物。他有一部比较著名的著作叫《郁离子》，体现了他的哲学思想和文学成就等，其中有一些警世故事富有哲理。济阴商人失信丧命的故事就出自《郁离子》。

济阴有一位商人，做生意过河时遇到风浪，船被风浪打翻后沉没了。幸运的是船上的桅杆漂浮在河面，商人乘机抓住后，不断向河岸呼救。河边有一位渔夫听到了呼救声，就驾着船前来救援。商人为了保命，大声对渔夫说："赶快把我救上来，到了岸边，我给您一百两银子做酬谢。"渔夫听了，干劲十足，很快将商人救到岸边，商人却只给了渔夫十两银子。渔夫生气地说："您答应给我一百两银子做酬谢，怎么能反悔呢？"商人满不在乎地说："你一个捕鱼的，一天能挣多少钱？现在一下子得了十两银子，难道还不知足吗？"渔夫见商人出尔反尔，没有办法，只好走了。

过了一年，商人做生意坐船沿着吕梁河顺流而下，那位渔夫恰好也在这条河上捕鱼，两人相遇后，没有互相问候。恰在这个时候，商人的船撞上了暗礁，水进入船舱，眼看就要沉没。商人又惊又怕，大声向渔夫求救说："您快点救我，我这次给您一千两银子，决不食言！"渔夫却无动于衷。另一个人对渔夫说："他许了那么多银子，你捕几十年鱼都赚不到，怎么不赶快救他呢？"渔夫轻蔑地说："我曾经救过这个人，但他言而无信，说话不算数，现在还救他干什么？"不一会儿，商人的船沉没了，商人不会游泳，淹死在河中。

《论语·为政》云："人而无信，不知其可也。"意思是人如果不讲信用，不知道他还能做些什么。诚信是一个人安身立命之本。济阴商人心存侥幸，言而无信，口惠而实不至，出尔反尔，最终因失信而丢掉性命。

毁　誉

苏轼有句名言："以至诚为道，以至仁为德。"自古以来，诚信就是中华民族的传统美德，也是个人高尚品德的重要体现。诚信是一种美德，也是一种声誉。史笔如铁，青史有情。它为德行高尚的人传美名于后世，将恶迹昭彰的人钉在历史的耻辱柱上。在我国历史上，有人因诚实守信而青史留名，有人因食言而肥而贻笑千秋，有人因背叛国家而遗臭万年。这些都成为警示后世的典型事例。

一诺千金留美名

季布是我国秦末汉初著名的侠士，楚国人，后来成为汉高祖刘邦的大臣，他年少时为人仗义，喜好打抱不平，以讲信用、守诺言而著称于世。

楚汉争霸时，季布是霸王项羽的部下，屡立战功，多次让刘邦吃尽苦头，差一点没命。刘邦在楚汉争霸战争中获得最终胜利，建立西汉王朝，他非常痛恨季布，以皇帝名义，下令悬赏千金捉拿季布，凡窝藏季布的人不仅要满门抄斩，而且还要灭三族。刘邦的诏令下达后，季布东躲西藏，十分危险，但由于季布为人仗义、信守承诺、深得人心，总有人冒着杀头灭族的危险，伸出援助之手，帮助季布避难。

有一个姓周的人家了解到这一情况后，秘密将季布接到家里，风声过后，将季布装扮成奴隶，送到鲁地大侠朱家那里。朱家是一位侠士，向来解人危难、急人所急，他非常敬佩季布的为人，秘密将他保护起来，热情款待。朱家与汉高祖刘邦心腹大臣夏侯婴是好朋友，于是，朱家游说夏侯婴说："楚地的人都传'得黄金百斤，不如得季布一诺。'季布是一个讲义气、守诚信的人，很得人心。汉王与霸王争夺天下时，季布效忠霸王，那是各为其主，更说明他是一个忠义的人。现在汉王做了皇帝，天下大定，如果能赦免季布，既收取了人心，又使朝廷得到栋梁之材，何乐而不为呢？"夏侯婴按照朱家的意思，乘刘邦高兴时劝谏，刘邦听后认为很有道理，就赦免了季布。人们都称赞皇帝胸襟宽广，季布品德高尚，朱家雪中送炭。

《周易》云："积善人家，必有余庆。"诚信是一种美德与善行，季布诚实守信的品德，不仅为自己赢得了良好的声誉，更使自己逢凶化吉、转危为安。诚实守信是个人高尚品德的重要体现，而高尚的品德要比黄金贵重得多。人生在世，只要能够信守承诺、真诚待人，就能够得到别人的尊敬，交到肝胆相照的朋友，在事业上获得成功。季布一诺千金的故事，成为妇孺皆知、家喻户晓的千古美谈。

孟武伯食言而肥

孟武伯，姓姬，名彘，我国春秋时期鲁国重臣，身份显赫，位高权重。他去世后，谥号为"武"，爵位为伯，所以后世称为"孟武伯"。

孟武伯最大的毛病就是说话不算数、出尔反尔。他经常为了自己的利益，答应过别人的事，总是以各种理由推托，不予兑现。久而久之，大家都了解孟武伯的秉性，不大喜欢他，甚至连鲁国国君鲁哀公也对他很不满，认为孟武伯作为鲁国重臣，这种言而无信的行为有损鲁国礼仪之邦的声誉。但因孟武伯权势很大，鲁哀公也拿他没有办法，只能设法找机会教训一下。

有一天，鲁哀公举行宫廷宴会，招待群臣，鲁国两位重臣孟武伯和郭重都参加了宴会。郭重为人正直，诚实守信，人品很好，鲁哀公非常倚重，大臣们都喜欢与之交往，在鲁国有着举足轻重的地位。郭重看不起孟武伯的为人，因而素来与孟武伯不合。鲁哀公在这次宴会上，特意把郭重的席位安排在自己的身边，以示恩宠。这让孟武伯非常嫉妒，他心想：郭重虽然位高权重，但却连贵族都不是，凭什么坐在国君身边？而自己却受到了国君的冷落。孟武伯看着郭重，越看越生气，想羞辱一下郭重，为自己出一口气。

郭重身体比较胖，孟武伯就想以此来羞辱他。于是就借向郭重敬酒的机会，得意扬扬地说："郭公，您近来身体越来越好啦！可喜可贺啊！可是，您连个贵族都不是，俸禄又不多，为什么会吃得这么胖呢？"说完就哈哈大笑。郭重心里清楚，这是孟武伯在借机羞辱自己，但在国君宴席上，他也不好说什么，一时之间，气氛尴尬。鲁哀公见状，心里很不痛快，他灵机一动说："一个人长胖的原因有很多，比如有人经常把自己说过的话吞进肚子里去，也是会胖起来的啊！"大臣们听后，都心照不宣地笑起来，他们心里都明白，鲁哀公是在指桑骂槐，借此讥讽孟武伯不守信用，出尔反尔。孟武伯顿时面红耳赤，坐立不安，万分难堪。后来，"食言而肥"这个成语，就成了讽刺那些不讲信用、说话不算数的人和行为的常用语。

古人讲："君子一言，驷马难追。"诚信是立德之本、处世之基，一言九鼎、言出必行、言出如山是一个人为人处事的基本准则。孟武伯不讲信用、食言而肥、出尔反尔，最终自欺欺人、贻笑千秋，成为不讲信用的人或行为的代名词。

秦桧千秋留骂名

秦桧，字会之，我国南宋初期宰相，是当时朝中主和派的首领。他是阴谋害死民族英雄岳飞的罪魁祸首，也是我国历史上臭名昭著的大奸臣。

1127 年，金人南下攻占北宋都城东京（今河南省开封市），掳走宋徽宗、宋钦宗父子及皇室宗亲与朝中大臣 3000 余人，北宋灭亡。当时是宋钦宗靖康二年，故史称"靖康之变"。北宋灭亡后，宋徽宗赵佶的第九个儿子康王赵构于1127年称帝，建立南宋政权，年号建炎，赵构就是宋高宗。靖康之变时，秦桧被金人掳走，他乖巧圆滑，深得金朝宗室完颜昌信赖，1130年被释放后，回到南宋都城临安（今浙江省杭州市）。秦桧在金期间，在金人的威逼利诱下，已投降金朝、通敌叛国，成为金人的奸细。他回到临安后极力主张求和，向金朝割地、称臣、纳贡，这与一味追求苟安的宋高宗一拍即合。宋高宗很快任命秦桧为丞相，与金人议和。

秦桧当上丞相后，提出"南人归南，北人归北"的屈辱主张，极力议和，成为朝中主和派和投降派的首领。秦桧极力贬斥抗金将士，阻止他们收复失地。著名抗金英雄岳飞，率领岳家军积极准备收复北方失地，打到金人老巢去，迎回被掳走的宋徽宗、宋钦宗父子，重建宋朝在北方的统治，一雪前耻。岳家军纪律严明，很快收复了大片失地。宋高宗和秦桧为了与金人尽快议和，连下十二道金牌召回岳飞，使十年之功，毁于一旦，从此大好河山，难再恢复。在宋高宗的默许下，秦桧又以"莫须有"的罪名，杀害了精忠报国的岳飞，终于与金人达成了割地、称臣、纳贡的屈辱和议，史称"绍兴和议"。自此以后，秦桧结党营私，排斥异己，屡兴大狱，权倾朝野，显赫一时。

秦桧死后，人们对这位通敌卖国、残害忠良的大奸臣恨之入骨，将他和妻子王氏，以及另外两个残害岳飞的奸臣万俟卨和张俊用铁铸成反绑双手的跪像，放置在岳飞墓前，让他们受尽世人的唾骂。相传清朝乾隆年间状元秦涧泉在西湖游玩时，来到岳飞墓前，有人故意为难他，让他作一副对联，他写出了"人从宋后少名桧，我到坟前愧姓秦"的名联。可见历代百姓对其背叛国家、卖国求荣行为的无比憎恨。

古人云："信乃不欺。"对个人而言，最大的诚信就是忠诚于自己的国家和民族，背叛自己国家和民族的人，最终会被钉在历史的耻辱柱上。"青山有幸埋忠骨，白铁无辜铸佞臣。"秦桧为了高官厚禄和荣华富贵，昧着良心背叛国家、卖国求荣、残害忠良，留下千秋骂名。

变　通

《孟子·离娄下》中讲："大人者，言不必信，行不必果，惟义所在。"在古代社会，先贤们将诚信作为做人处世的最基本原则，但他们同时也认识到，诚实守信必须建立在正义、公正、善良、不违背人伦道德等基础之上。诚实守信既不是生搬硬套，也不是墨守成规，更不是食古不化。因此诚实守信不是无条件的，而是有一定条件的，在坚守道义前提下是可以变通的。在历史上，有的因审时度势而保全自己，有的因迂腐守信而丢掉性命，有的因墨守成规而毁掉霸业。这给我们的警示是：在现实社会中，必须坚持将守信践诺建立在不违背原则的这条底线上，心中必须明白，什么样的诺言必须兑现，什么样的诺言不能兑现，善意的谎言并不违背诚信原则。

孔夫子不拘小节

孔子，名丘，字仲尼，鲁国人，我国春秋时期伟大的思想家、教育家，儒家学派创始人。在民间，老百姓亲切地称他为孔夫子。

孔子是一位伟大的教育家，他善于因材施教，教育方法灵活，不是那种教学生只认死理的书呆子。有一次，子路请教孔子说："老师，做事情前是否要得到父母和兄长的同意，然后才能做？"孔子用肯定的语气说："是的，做事情前一定先要请教父母和兄长，他们赞成后才能做。"子路走后，过了一会儿，冉有请教同样的问题，孔子却告诉他说："你决定了的事情，不必征得父母和兄长的同意，要立即去做！"冉有走后，陪侍在孔子身边的公西华很惊讶，同样的问题，老师的回答为什么完全相反呢？孔子看着公西华不解的神情，解释道："子路性情鲁莽，做事容易冲动，让他同父母和兄长商量，这样才会稳妥一些；而冉有性格懦弱，做事情优柔寡断，拿不定主意，所以要鼓励他，使他下定决心去做。"公西华豁然开朗，明白了老师的良苦用心。

孔子还是一位出色的政治家，为了实现自己的政治理想，他带弟子周游列国，游说诸侯国国君采纳自己的政治主张。有一次，孔子和弟子们准备去卫国，路过蒲地时，恰好遇到了叛乱，蒲人将孔子一行扣留下来。当蒲人得知被扣押的这群人就是大名鼎鼎的孔子和其弟子们时，就没有为难他们，提出只要孔子一行发誓不去卫国，就可以平安离开。于是孔子和弟子们按照当时的礼仪，隆重地和蒲人订立盟约，约定孔子一行不能去卫国。春秋时期，古人们比较相信盟誓，认为订了盟约后，都不会反悔，于是放了孔子一行。孔子出了城门后，走了一会儿，立即带领弟子们向去卫国的方向走。弟子们很惊讶，于是子贡不解地问："老师，您平常教导我们，做人要诚实守信，现在我们已经和蒲人订了盟约，难道可以违背吗？"孔子认真地回答说："君子不立于危墙之下，我虽然教导你们要诚实守信，但也要审时度势、通权达变，正所谓大丈夫不拘小节，我们在被胁迫的情况下订立的盟约，这不能算数。"弟子们听后，纷纷点头称是。

《论语·卫灵公》云："君子贞而不谅。"意思是君子要行大道、守大信，而不是拘泥于小节、是非不分地守小信。在孔子的心目中，行大道、守大信就是保全自己的有用之身，实现自己的政治理想，建立大同社会，而不是遵守和蒲人订立盟约这样的小信，更不会拘泥不化，迂腐地为了诚信使自己与弟子们受困，甚至丢掉性命。

鲁尾生桥下之盟

尾生是我国春秋时期鲁国曲阜人，与大圣人孔子是同乡，为人正派，乐于助人，与人交往诚实守信、从不食言，在曲阜一带声誉很好。

有一次，尾生有一位亲戚突然来访，原来是家中的醋用完了，准备向尾生借。恰好尾生家的醋也用完了，尾生就悄悄向邻居家借了一坛醋，给亲戚说是自己家的。孔子听说这件事后，认为尾生待人不诚实，弄虚作假，不是君子所为。尾生却不以为然，他认为做人要急人之所急，只要初衷是好的，即便是说谎，那也是善意的谎言，与诚信本质是一致的。

尾生家境贫寒，为了谋生，举家迁到了梁地（今陕西省韩城市）。此时，尾生到了谈婚论嫁的年龄，尽管家贫，但由于人品高尚，村中有一位年轻漂亮的姑娘非常仰慕尾生的为人，愿意嫁给他。只是姑娘家境富裕，她的父母尽管认可尾生的人品，但嫌弃他家境不好，不愿把女儿嫁给他。村子旁有一条河，河上有一座桥，被人们称作蓝桥，尾生和姑娘常常在蓝桥下约会，私订终身。有一年夏天，姑娘的父母得知女儿私订终身的消息后，便决定尽快把她嫁出去，断了他们的念想。姑娘恰好听到父母的谈话，大吃一惊，便与尾生相约一起私奔，逃到尾生老家鲁国去生活。到了约定的日子，尾生准备好行李，天没亮就来到约好的地方蓝桥下等待。等了好长时间，也没有等到。夏日闷热异常，天气变幻无常，奈何天公不作美，河上游突然下起了暴雨，河水不断上涨，尾生只好抱着桥柱，继续等待。尾生等呀等呀，河水逐渐上涨，从他的腿弯淹没到他的腰部，再到他的胸部。尽管尾生心里着急，但他信念坚定，依然抱着桥柱等待自己心爱的人一起奔向幸福生活。原来姑娘的父母发现女儿异常后，那天把她禁锢在家中，不让出来。第二天，雨停了，水位恢复到原来的位置，尾生仍然抱着桥柱一动也不动，他带着坚定的信念离开了这个世界。姑娘跑到桥边，见到尾生后，悲痛欲绝，抱着尾生跳河殉情。《庄子》《汉书》等典籍都记载了这个故事。

《战国策》中讲："信如尾生，廉如伯夷，孝如曾参，三者天下之高行也。"将尾生与伯夷、曾参并列，可见对其高度肯定。尽管尾生重义守信，对爱情忠诚不渝，被传为千秋佳话。但以我们今天的思维方式来看，尾生为了信守承诺，在河水上涨时，仍然坚持在约定的具体地点践诺言，以生命为代价，不懂变通，是一种迂腐的行为，教训是深刻的。

宋襄公迂腐兵败

宋襄公，子姓宋氏，名兹甫，商朝贵族微子启的后裔，我国春秋时期宋国国君，与齐桓公、晋文公、秦穆公、楚庄王称为"春秋五霸"。与其他霸主相比，宋襄公徒有虚名，正是他的迂腐行为，毁掉了宋国的霸主地位。

宋襄公当上国君后，雄心勃勃，也想与诸侯争霸。过了几年，齐桓公去世，齐国发生内乱，宋襄公觉得这是个千载难逢的机会，企图借此继承齐桓公的霸业。于是他联合曹、卫等诸侯国率兵平定了齐国内乱，扶持太子昭为国君，因此在诸侯中声名鹊起。

平定齐国内乱后，宋襄公在诸侯中的声望大大提高，争霸自信也因此大增。公元前639年春，宋襄公以盟主身份会盟诸侯，引起齐国和楚国的强烈不满。当年秋季，他再次决定会盟诸侯。临行前，宋襄公的哥哥认为楚国不讲信用，劝襄公带上军队，以防不测。宋襄公却说："我已经与楚国国君约定不带军队，作为一国之君，怎么能不守信用呢？"于是，只带少量随从参加会盟，以示取信于诸侯。会盟那天，楚国提前埋伏好军队，宋襄公与楚成王争做霸主，僵持不下时，楚成王勃然大怒，命人将宋襄公擒获带回楚国囚禁起来，因没有攻下宋国都城，才释放了。

宋襄公不甘受辱，率军讨伐楚国的附庸郑国，楚国派兵协助郑国，这场战争转变为宋国与楚国的争霸战争。双方在泓水北岸进行决战，宋军先于楚军在泓水北岸布好阵势，以逸待劳，抢占了有利地形。楚军正在渡河时，宋国谋士建议乘机进攻，宋襄公以坚守信义而拒绝。楚军渡过河后，正在排兵布阵，谋士又建议乘机进攻，宋襄公又以坚守信义而拒绝。楚军排好阵型后，宋襄公才下令进攻，结果一败涂地，自己也中箭受伤。不久，宋襄公伤病发作，不治而亡，宋国从此一蹶不振，失去了问鼎中原、争夺霸主的实力。

毛泽东同志讲："我们不是宋襄公，不要那种蠢猪式的仁义道德。"古人云："信近于义，言可复也。"意思是讲信用首先要符合道义，只有这样才可以去执行。因此，讲信用、守承诺，不是没有任何条件和边界的，在国家利益和大是大非面前，要以维护国家利益为重，坚持明辨是非曲直，这是守信践诺的前提。宋襄公不顾国家利益，空谈仁义，迂腐守信，食古不化，愚不可及，最终误国误民，落得身亡霸业毁的下场，成为警示后人的反面教材。

第七章 诚信名言

　　清代著名史学家、文学家赵翼在《论诗》中有："李杜诗篇万口传，至今已觉不新鲜。江山代有才人出，各领风骚数百年。"我国是一个文化大国，历代先贤们留下了许多脍炙人口的名篇佳作。其中一些名言警句广为流传、妇孺皆知，是先贤们人生经验和智慧的结晶。在我国古代，历来有"至理名言"的提法，有格言、箴言、警句等，还有一些民间俗语、俗话、老话等，许多名言警句充满智慧，具有警世价值，正所谓："不听老人言，吃亏在眼前。"

　　诚信是中华民族的传统美德之一，历来为先贤们所重视，并将其贯穿于修身、齐家、治国、平天下之中，成为治国理政、进德修业的法宝。历代贤哲们在修身、齐家、治国、平天下的过程中，将自己的思想理念和心得体会撰写成篇章，著书立说，因而留下了许多关于诚实守信的名言警句。这些关于诚信的名言警句，大多要言不烦、深入浅出、言简意赅、短小精悍，往往以寥寥数语道出深刻的哲理，或给人以启迪、或给人以警醒、或给人以激励等等，在世间广为流传，成为中华优秀传统文化的重要组成部分。

历史长河滚滚，犹如大浪淘沙，在淘尽沉沙的同时，也淘出了真金。先贤们留下这些对个人、社会和国家大有裨益的名言警句，就是淘出来的真金。当然，由于时代的局限性，一些名言警句已不符合今天的价值观念。对此，我们应弘扬新时代主旋律，按照"创造性转化、创新性发展"的要求，对其赋予时代新意，作出符合社会主义核心价值观要求的解读。本章分家国、修身、处世、从业、为政、警世六类，所选关于诚信的名言警句，涵盖了从先秦至近代多位先哲名言。这些名言警句是先哲们人生智慧精华，对我们修身立德、为人处事、社会交往、从业立业等都大有益处。

家　国

克宽克仁，彰信兆民。　　　　　——《尚书·商书·仲虺之诰》

【释义】能够宽厚仁爱，在民众中展示诚信。

临患不忘国，忠也；思难不越官，信也；图国忘死，贞也。

　　　　　　　　　　　　　　　　——《左传·昭公元年》

【释义】面临祸患而不忘国家，这就是忠诚；想到危难而不放弃职责，这就是诚信；为了国家的利益而置生死于度外，这就是忠贞。

辞不忘国，忠信也；先国后己，卑让也。

　　　　　　　　　　　　　　　　——《左传·昭公二年》

【释义】言辞不忘记国家，这是忠信；先国家后自己，这是谦让。

信，国之宝也，民之所庇也。　　——《左传·僖公二十五年》

【释义】诚信，是国家的根基，是保护大众赖以生存的根本。

弟子入则孝，出则弟（悌），谨而信，泛爱众，而亲仁。

　　　　　　　　　　　　　　　　——《论语·学而》

【释义】弟子们在父母跟前，就孝顺父母；出门在外，要顺从师长，言行要谨慎，要诚实可信，寡言少语，要广泛地去爱众人，亲近那些有仁德的人。

千乘之国，敬事而信。　　　　　　——《论语·学而》

【释义】治理一个大国家，应该恭敬谨慎地对待政事，并且讲究信用。

宽则得众，信则民任焉。 ——《论语·尧曰》

【释义】宽厚就会得到百姓拥护，诚信就会得到百姓信任。

父子有亲，君臣有义，夫妇有别，长幼有序，朋友有信。

——《孟子·滕文公上》

【释义】父亲与儿子之间有亲情、君王与臣子之间有节义、夫妻之间有区别、年长与年幼者之间有主次、朋友之间有信任。

悦亲有道，反身不诚，不悦于亲矣。 ——《孟子·离娄上》

【释义】使父母高兴是有办法的，诚心诚意，自己不真诚，就不能使父母高兴。

父子为亲矣，不诚则疏。 ——《荀子·不苟》

【释义】父子可以说是最亲近了，但不真诚就会疏远。

国之所以治者三：一曰法，二曰信，三曰权。

——《商君书·修权》

【释义】国家安定有三个因素：一是法度，二是信用，三是权力。

母欺子，子而不信其母，非所以成教也。

——《韩非子·外储说左上》

【释义】母亲欺骗儿子，做儿子的就不会相信自己的母亲，这不是把孩子教育好该用的办法。

父子有礼矣，不诚则疏；夫妇有恩矣，不诚则离；交接有分矣，不诚则绝。

——魏征《群书治要·体论》

【释义】父子之间是有礼节的，如果互相不真诚就会因无礼而疏远；夫妻之间有恩爱之情，如果互相不忠诚就会因猜疑而分手；朋友之间要有情分，如果相互不诚实就会因怀疑而绝交。

国保于民，民保于信；非信无以使民，非民无以守国。

——《资治通鉴》第二卷

【释义】国家靠人民来保卫，人民靠诚信来保护；国家不讲诚信，就不能得到人民的支持；没有人民的支持，就不能使人民保卫国家。

至诚事亲则成人子。　　　　　——程颢、程颐《二程集》

【释义】当孩子的要用至诚之心来孝敬父母，诚为孝之本。

孝而不诚于孝则无孝，弟（悌）而不诚于弟则无弟。

——朱熹《朱子类语》

【释义】孝敬父母如果不真诚那就是不孝了，敬爱哥哥如果不真诚那就是不悌了。

一片丹心图报国，两行清泪为忠家。　——于谦《立春日感怀》

【释义】念念不忘是一片忠心报祖国，想起至亲便不禁双泪直流。

苟利国家生死以，岂因祸福避趋之。

——林则徐《赴戍登程口占示家人》

【释义】只要对国家有利，即使牺牲自己生命也要去做，绝不会因为自己可能受到祸害而躲避。

修　身

君子进德修业，忠信所以进德也。修辞立其诚，所以居业也。

——《周易·文言传》

【释义】君子提高道德，建立功业，讲求忠信，是为了增进道德。修饰言辞，应以诚信为本，这是为了建功立业。

信者信之，不信者亦信之，德信也。

——《老子·第四十九章》

【释义】讲信用的人，我信任他；不讲信用的人，我也信任他；这样可使天下人都讲信用。

子以四教：文，行，忠，信。　　　　——《论语·述而》

【释义】孔子以四项内容来教导学生：文化知识、履行所学之道的行动、忠诚、守信。

曾子曰：吾日三省吾身："为人谋而不忠乎？与朋友交而不信乎？传不习乎？"　　　　　　　　　　　——《论语·学而》

【释义】曾子说："我每天多次反省自己：为别人做事是不是尽力呢？与朋友交往是不是守信呢？老师传授的知识是不是复习过了呢？"

主忠信，毋友不如己者，过，则勿惮改。　——《论语·学而》

【释义】君子要以忠信为本、亲近忠诚和讲信义的人，不要和不如自己的人交朋友，有了过错不要害怕改正。

君子义以为质，礼以行之，孙以出之，信以成之。君子哉！

　　　　　　　　　　　　　　　　　　——《论语·卫灵公》

【释义】君子以义作为根本，用礼加以推行，用谦逊的语言来表达，用忠诚的态度来完成，这就是君子了。

十室之邑，必有忠信如丘者焉，不如丘之好学也。

　　　　　　　　　　　　　　　　　　——《论语·公冶长》

【释义】即使只有十户人家的小村子，也一定有像我这样讲忠信的人，只是不如我好学罢了。

君子有九思：视思明，听思聪，色思温，貌思恭，言思忠，事思敬，疑思问，忿思难，见得思义。　　——《论语·季氏》

【释义】君子有九件值得用心思虑的事：看要想到看明白没有、听要想到听清楚没有、神态要想到是否温和、容貌要想到是否恭敬、言谈要想到是否诚实、处事要想到是否谨慎、疑难要想到是否要求教、愤怒要想到是否有后患、有所得到时要想到是否理所该得。

信，言合于意也。　　　　　　　　　　——《墨子·经上》

【释义】诚信，就是语言符合心意。

忠，德之正也；信，德之固也；卑让，德之基也。

　　　　　　　　　　　　　　　　　　——《左传·文公元年》

【释义】忠，是德行的纯正；信，是德行的巩固；卑让，是德行的根基。

君子之言，信而有征。　　　　　　　——《左传·昭公八年》

【释义】君子所说的话，可靠而且有证据。

志以发言，言以出信，信以立志，参以定之。
——《左传·襄公二十七年》

【释义】志向用语言说出来，说出来的话就要符合信用，符合信用才有助于志向的实现，实现志向要详细考虑这些后再来确定。

诚者，天之道也；思诚者，人之道也。　　——《孟子·离娄上》

【释义】诚实，是天地通行的法则；做到诚实，是做人的法则。

仁义忠信，乐善不倦，此天爵也。　　　——《孟子·告子上》

【释义】遵从仁爱、正义、忠诚、守信，不厌倦地乐于行善，这是上天赐的爵位。

君子不亮，恶乎执？　　　　　　——《孟子·告子章句下》

【释义】君子不讲诚信，怎么能够有操守呢？

君子养心莫善于诚，至诚则无它事矣。　　——《荀子·不苟》

【释义】君子陶冶思想性情，提高自己的道德修养，没有什么比诚心诚意更重要的了。

天地为大矣，不诚则不能化万物；圣人为智矣，不诚则不能化万民。
——《荀子·不苟》

【释义】天地可以说是最博大了，但不真诚就不能化育万物；圣人可以说是最睿智了，但不真诚就不能教化万民。

内外相应，言行相称。　　　　　　　　　　——《韩非子》

【释义】做人内外要相互对应，表里如一，言行一致。

古之欲明明德于天下者，先治其国；欲治其国者，先齐其家；欲齐其家者，先修其身；欲修其身者，先正其心；欲正其心者，先诚其意；欲诚其意者，先致其知；致知在格物。　　　　　　——《礼记·大学》

【释义】古代那些要想在天下弘扬光明正大品德的人，先要治理好自己的国家；要想治理好自己的国家，先要管理好自己的家庭和家族；要想管理好自己的家庭和家族，先要修养自身的品性；要想修养自身的品性，先要端正自己的心思；要想端正自己的心思，先要使自己的意念真诚；要想使自己的意念真诚，先要使自己获得知识；获得知识的途径在于认识、研究万事万物。

是故君子有大道，必忠信以得之，骄泰以失之。

——《礼记·大学》

【释义】所以，真正的仁人君子遵循正确的途径，必须忠诚信义，才会获得一切；而一旦骄奢放纵，必然会失去一切。

所谓诚其意者，毋自欺也。　　　　　——《礼记·大学》

【释义】所谓使自己的意念诚实，就是说不要自己欺骗自己。

故君子必慎其独也。　　　　　　　　——《礼记·大学》

【释义】所以品德高尚的君子在一人独处的时候，一定要非常谨慎小心。

言顾行，行顾言。　　　　　　　　　——《礼记·中庸》

【释义】说话时要考虑自己到能否做到，做事时要考虑自己是否言行一致。

自诚明，谓之性；自明诚，谓之教。诚则明矣；明则诚矣。

——《礼记·中庸》

【释义】内心诚实而明察事理，这叫作天赋的本性；明察事理后达到内心真诚，这叫作后天的教育感化。真诚也就会自然明白道理，明白道理后也就会做到真诚。

诚者，物之终始，不诚无物。是故君子诚之为贵。

——《礼记·中庸》

【释义】诚信贯穿于万事万物的始终，没有诚信，就没有一切。所以，品行高尚的君子把诚信作为高贵的品德。

唯天下至诚，方能经纶天下之大经，立天下之大本，知天地之化育。

——《礼记·中庸》

【释义】只有天下的至诚，才能成为治理天下的崇高典范，树立天下的根本法则，深谙天地化育万物的道理。

言必先信，行必中正。　　　　　　——《礼记·儒行》

【释义】说话必须首先要诚实守信，行为一定要真诚正直。

君子约言，小人先言。　　　　　　——《礼记·坊记》

【释义】有德行的人谨慎说话，注重干实事，说到做到；品德低下的人妄言妄语，抢先说大话，说到做不到。

道者德之本也，仁者德之出也，义者德之理也，忠者德之厚也，信者德之固也，密者德之高也。　　　　——贾谊《新书·道德说》

【释义】真理是道德的根本，仁爱使内在道德展现出来，正义是道德的标准，忠诚使道德变得更加深厚，诚信使道德修养保持不变。

信者，诚也，专一不移也。　　　　——班固《白虎通义·性情》

【释义】信，就是诚实，专心一意不改变。

言行相符，始终如一。　　　　——简文帝《与刘孝仪令》

【释义】做人要言行一致，自始至终不相违背。

人无忠信，不可立于世。　　　　——程颐《二程粹言》

【释义】一个人如果不讲忠诚和信义，那么他将无法在社会上立足。

进学不诚则学杂，处事不诚则事败，自谋不诚则欺心而弃己，与人不诚则丧德而增怨。　　　　——程颢、程颐《二程集》

【释义】研究学问若没有诚心，则必然杂乱；做事没有诚心，则事情必然失败；自己谋事的时候若没有诚心，就是自己欺骗自己而丢掉了自己的忠诚之心；与人相处没有诚心，就会丧失自己的道德而增加他人的怨恨。

明善在明，守善在诚。　　　　——程颢、程颐《二程集》

【释义】要明白善的道理关键在于思考，而要坚守善行则在于有诚心。

学者不可以不诚，不诚无以为善，不诚无以为君子。

——程颢、程颐《二程集》

【释义】致力于学问的人不可以不诚实，不诚实就不可能成为善人，不诚实就不可能成为君子。

以至诚为道，以至仁为德。

——苏轼《上初即位论治道二首·道德》

【释义】把最高的诚信作为道德准则，把最大的仁爱作为道德品性。

诚者，真实无妄之谓，天之道也。

——朱熹《朱子语类·中庸》

【释义】诚就是一种真实不欺的美德，要求人们必须效法天道，修德做事，做到讲真话、办实事。

人道惟在忠信，不诚则无物。　　——朱熹《朱子语类·论语》

【释义】做人之道只在于忠信，不诚信就没有什么可谈的了。

思诚为修身之本，而明善又为思诚之本。

——朱熹《四书集注·孟子》

【释义】以真诚为准则是自我修养的根本，而弄明白是非善恶又是坚持真诚的根本。

忠信为大道，忠者忠实，信者诚信，不诈伪。

——陆九渊《象山集·原序》

【释义】忠信是大道理，所谓忠就是忠实，所谓信就是诚信，不欺诈虚伪。

君子之心事，天青日白，不可使人不知。　　——《菜根谭》

【释义】有高深修养的君子，他的心地像青天白日那样坦荡明朗，没有一点不可告人之事。

心不妄念，身不妄动，口不妄言，君子所以存诚；
内不欺己，外不欺人，上不欺天，君子所以慎独。

　　　　　　　　　　　　　　　——金缨《格言联璧》

【释义】内心不要有贪妄想法，身体不要胡乱行动，口不胡乱讲话，这是君子诚实的表现；对内不欺骗自己，对外不欺骗他人，敬畏上天，这是君子懂得慎独的表现。

唯天下之至诚，能胜天下之至伪。　　——《曾国藩家书》

【释义】只有天下最诚实的，才能战胜天下最虚伪的。

伟大人格的素质，重要的是一个诚字。　　　　——鲁　迅

千教万教教人求真，千学万学学做真人。　　——陶行知

处　世

有孚惠心，勿问元吉，有孚惠我德。　　——《周易·益卦》

【释义】有真诚信实地施惠天下的心愿，不用问就知道是吉利的，天下人也必将真诚地报答我的恩德。

与朋友交，言而有信。　　　　　　　　——《论语·学而》

【释义】与人交往的时候，要说话算话，做一个恪守信用的人。

信近于义，言可复也。　　　　　　　　　——《论语·学而》

【释义】讲信用要符合道义，只有这样才可以去执行。

友直，友谅，友多闻，益矣。　　　　　——《论语·季氏》

【释义】与正直的人交朋友，与诚实守信的人交朋友，与见闻广博的人交朋友，这是有益的。

言必信，行必果。　　　　　　　　　　——《论语·子路》

【释义】说出去的话一定要算数，答应别人的事情一定要善始善终，有个结果。

先行其言而后从之。　　　　　　　　　——《论语·为政》

【释义】作为君子，不能只说不做，而应该先做后说。只有先做后说，才可以取信于人。

言忠信，行笃敬，虽蛮貊之邦，行矣。　——《论语·卫灵公》

【释义】说话忠诚守信，行为敦厚恭敬，即使在蛮貊地区，也行得通。

听其言而观其行。　　　　　　　　　　——《论语·公冶长》

【释义】听了他的话，还要观察他的行为是否言行一致。

巧诈不如拙诚。　　　　　　　　　　　——《韩非子·说林》

【释义】巧妙的奸诈不如拙朴的诚实。

有其言，无其行，君子耻之。 ——《礼记·杂记下》

【释义】只有那样的言论，却没有那样的行为，君子对这样的行为会感到羞耻。

为人子，止于孝；为人父，止于慈；与国人交，止于信。

——《礼记·大学》

【释义】做子女的，要做到孝顺；做父亲的，要做到慈爱；与人交往，要诚实守信。

得黄金百斤，不如得季布一诺。

——司马迁《史记·季布栾布列传》

【释义】得到一百斤的黄金，也不如得到季布的一声许诺。后来化为成语一诺千金，形容季布信守诺言的可贵。

诚无垢，思无辱。 ——刘向《说苑·敬慎篇》

【释义】以诚待人品行就能高洁，做事考虑周到就不会遭受耻辱。

与人以实，虽疏必密；与人以虚，虽戚必疏。

——韩婴《韩诗外传》

【释义】待人诚实，即使原来关系疏远也会亲密起来；待人虚伪，即使原来关系亲近也会渐渐疏远。

精诚所至，金石为开。 ——班固《后汉书·广陵思王荆传》

【释义】人的诚心所加，能感动天地，使金石为之开裂。比喻只要诚心诚意去做，什么疑难问题都能解决。

言行相应，则谓之贤。　　　　　　——王充《论衡·问孔》

【释义】言行一致的人，才能称之为贤人。

或问信，日：不食其言。　　　　　——扬雄《法言·重黎》

【释义】什么是信用？答：就是指不违背自己的诺言。

勿以身贵而贱人，勿以独见而违众，勿恃功能而失信。

　　　　　　　　　　　　　　　　　——《将苑·出师》

【释义】不要因为自己的出身高贵而鄙视他人，不要以个人的意见而违背众人的意愿，不要仗恃功劳和才能而失信于人。

开心见诚，无所隐伏。　　　——范晔《后汉书·马援传》

【释义】待人处世要敞开心胸，以诚相见，没有什么可躲避隐藏的。

开诚心，布公道。　　　——陈寿《三国志·诸葛亮传》

【释义】诚心诚意地提出公正的见解。

夫高论而相欺，不若忠论而诚实。　——王符《潜夫论·实贡》

【释义】高谈阔论而互相欺骗，不如讲出真话而表现诚实。

非诚心款契，不足以结师友。　　——葛洪《抱朴子·内篇》

【释义】不是真诚地以心相见，就不适合结为师友。

信者行之基，行者人之本。人非行无以成，行非信无以立。

　　　　　　　　　　　　　　　　　——刘昼《刘子·履信》

【释义】信誉是德行的基础，德行是人的根本。人没有德行就没有成就，德行没有信誉就无法树立。

推之以诚，则不言而信。 ——王通《文中子·周公》

【释义】只要能够推心置腹，以诚相待，不用言说也会得到信任。

言而信，未若不言而信；行而谨，未若不行而谨。

——王通《文中子·周公》

【释义】说到便做到不如不说也做到，做事的时候谨慎不如不做事的时候也谨慎。

三杯吐然诺，五岳倒为轻。 ——李白《侠客行》

【释义】几杯热酒下肚，便慷慨许诺，把承诺看得比五岳还要轻。

海岳尚可倾，口诺终不移。 ——李白《酬崔五郎中》

【释义】大海可以干枯，山岳可以倒塌，许下的诺言不可以改变。

学贵信，信在诚。诚则信矣，信则诚矣。人无忠信，不可立于世。不信不立，不诚不行。不诚无以为善，不诚无以为君子。

——程颢、程颐《二程集》

【释义】做学问的人贵在讲信用，讲信用贵在诚实。诚实就能讲信用，讲信用就是诚实。人如果没有忠心和诚心，就不能在社会上立足。不讲信用就不能立于世，不诚实就不能在社会上行走。没有诚心就不会有善心，没有诚心就不会成为君子。

丈夫一言许人，千金不易。 ——司马光《资治通鉴·唐纪》

【释义】大丈夫答应别人的一句话，即使给千金也不会改变。

知无不言，言无不尽。　　　　　　　——苏洵《衡论·远虑》

【释义】知道的就说，要说就毫无保留。

推诚而不欺，守信而不疑。　　　　　——林逋《省心录》

【释义】以真诚待人而不欺诈，恪守信用而不猜疑。

凡出言，信为先，诈与妄，奚可焉。　　——《弟子规》

【释义】开口说话，首先要讲究信用，遵守承诺。欺骗或花言巧语之类的伎俩，绝不能去做。

君子一言，快马一鞭。　　　　　　　——《景德传灯录》

【释义】做事做人一言为定，决不反悔。

许人一物，千金不移。一言既出，驷马难追。

　　　　　　　　　　　　　　　　——《增广贤文》

【释义】答应给人家的物品，哪怕再值钱也不能违言。一句话既已出口，就不得反悔，哪怕四匹马拉的快车，也无法追回。

以信接人，天下信之；不以信接人，妻子疑之。

　　　　　　　　　　　　　　　　——杨泉《物理论》

【释义】以诚信对待人，天下的人都会相信你；不以诚信待人，则连自己的妻子儿女也会怀疑你。

虽风雪亦践其约，虽天雨亦赴其会。　——《蒙古秘史》

【释义】尽管有风雪但也要前去履行约定，尽管天下大雨也要按约定赴会。

明镜止水以澄心，泰山乔岳以立身，青天白日以应事，霁月光风以待人。 ——金缨《格言联璧》

【释义】心地要像明镜和清水一样清澄，立身要像泰山一样高大，做事要像青天白日一样光明正大，待人要像霁月光风一样襟怀坦荡。

诚字之意，就是不欺人，亦不可为人所欺。 ——蔡元培

对人以诚信，人不欺我；对事以诚信，事无不成。 ——冯玉祥

从 业

身仁行义，服忠用信，则王。 ——《管子·幼官》

【释义】能够以身作则，实行仁爱、正义、忠诚、守信，就可成就王者之业。

非诚贾不得食于贾，非诚工不得食于工，非诚农不得食于农，非信士不得立于朝。 ——《管子·乘马》

【释义】不是诚实的商人，不得依靠经商为生；不是诚实的工匠，不得依靠做工为生；不是诚实的农夫，不得以务农为生；不是诚信的士人，不能在朝中做官。

小信成则大信立。 ——《韩非子·解老》

【释义】小的诚信树立了，大的诚信才能树立。强调的是做小事情

167

讲信用，就能够建立起很大的信用。

布帛精粗不中数，幅广狭不中量，不鬻于市。

——《礼记·王制》

【释义】布帛的丝缕密疏不符合规定和尺寸，不允许在市场上出售。

诚，五常之本，百行之源也。　——周敦颐《周子通书·诚下》

【释义】诚是仁、义、礼、智、信五常的基础，是人的各种善行的根源。

守信的人是最快乐的，诚实是最天真的。　　　　——鲁迅

为　政

民无信不立。　　　　　　　　　　　——《论语·颜渊》

【释义】一个国家不能得到老百姓的信任就会垮掉。

足食，足兵，民信之矣。　　　　　　——《论语·颜渊》

【释义】充足粮食、充足兵力、人民能信任政府，这就是治国理政最重要的三个条件。

上好信，则民莫敢不用情。　　　　　　——《论语·子路》

【释义】为政的人讲究诚信，那么老百姓就没有不动真情、诚实守信的。

诚信者，天下之结也。　　　　　　　　——《管子·枢言》

【释义】诚信，是治理天下的关键所在。

赏罚不信，则民无取。　　　　　　　——《管子·权修》

【释义】奖赏惩罚如不守信用，不加以兑现，民众就会感到无所适从而失去进取的目标。

赏厚而信，刑重而必。　　　　　　　——《商君书·修权》

【释义】奖赏丰厚而守信用，刑罚严厉但一定要实行。

政者，口言之，身必行之。　　　　　——《墨子·公孟》

【释义】为政的人，口中说过的话，行动上必须做到。

忠信，礼之器也；卑让，礼之宗也。　——《左传·昭公二年》

【释义】忠信是礼的容器，卑让是礼的根本。

故为人上者，必将慎礼义、务忠信，然后可。

　　　　　　　　　　　　　　　　　——《荀子·强国》

【释义】所以作为国君，一定要慎重地对待礼义、致力于忠诚守信，然后才能治理好国家。

夫诚者，君子之所守也，而政事之本也。　——《荀子·不苟》

【释义】真诚，是君子遵循的品德操守，更是治理国家的根本。

政令信者强，政令不信者弱。　　　　　——《荀子·议兵》

【释义】政令有信用的，国家就强盛；政令缺乏信用的，国家就衰弱。

故信者，兵之足也。 ——《孙膑兵法·将义》

【释义】所以说，信用是统兵的支点。

故为人上者必将慎礼义、务忠信然后可。此君人者之大本也。

——《荀子·强国》

【释义】因此当国君的人，一定要慎重地对待礼仪、致力于忠诚守信，然后才可以治理天下。这是君王治理国家的根本啊。

信名，则群臣守职，善恶不逾，百事不怠；信事，则不失天时，百姓不逾；信义，近亲劝勉而远者归之矣。

——《韩非子·外储说左上》

【释义】在名位上守信用，群臣就会尽职尽责，在政绩方面无论好坏都不会逾越界限，各种事务就不会懈怠；在政事上守信用，就不会错过天时季节，百姓就不会逾越法令；在道义上守信用，亲近的人就会努力工作，疏远的人就会前来归顺。

是故君子有大道，必忠信以得之，骄泰以失之。

——《礼记·大学》

【释义】君子治国安邦，有大道可依：忠诚守信，就能获得人民拥戴；骄横放纵、奢侈无度就会失去民心。

布令信而不食言。 ——刘向《说苑·政理》

【释义】发布了命令就要守信用，不能反悔。

然而言而不信，言无信也；令而不从，令无诚也。不信之言，无诚

之令，为上则败德，为下则危身。　　　　——《贞观政要·诚信》

【释义】光说不做，说话没人相信；有政令却不遵循，政令就是虚设。不诚实的语言，不真正执行的政令，从大处讲就会败坏品德风气，从小处讲就会危及自身。

自古驱民在信诚，一言为重百金轻。　　　——王安石《商鞅》

【释义】自古以来，治理国家、统治百姓的关键在诚信，取信于民，须把一句诺言看得比百金还重。

信者虽有怨雠而必用；奸者虽有私恩而必诛。

——司马光《温国文正公文集》

【释义】对于有诚信的人即使是自己的仇敌，也要用他；对于奸诈的人即使对自己有恩情，也要惩治他。

警　世

天之所助者，顺也；人之所助者，信也。

——《周易·系辞传上》

【释义】上天所扶助的人，是能顺应天道的人；人们帮助的人，是诚实守信的人。

夫轻诺必寡信，多易必多难。　　　——《老子·第六十三章》

【释义】那些轻易作出的承诺，必定很少能够兑现；把事情看得太容易，势必会遇到很多困难。

信不足焉，有不信焉。　　　　　　——《老子·第十七章》

【释义】诚信不足的人，就会失去别人的信任。

信言不美，美言不信。善者不辩，辩者不善。知者不博，博者不知。

——《老子·八十一章》

【释义】真实可信的话不漂亮，漂亮的话不真实。善良的人不巧说，巧说的人不善良。真正有知识的人不卖弄，卖弄自己懂得多的人不是真有知识。

巧言乱德。 ——《论语·卫灵公》

【释义】花言巧语会败坏道德。

人而无信，不知其可也。 ——《论语·为政》

【释义】做人如果不讲信用，就无法得到别人的信任，从而无法在世上立足。

言不忠信，行不笃敬，虽州里，行乎哉？

——《论语·卫灵公》

【释义】说话不忠信，行为不笃敬，即使在本乡州里，能行得通吗？

必诺之言，不足信也。 ——《管子·形势》

【释义】不辨别事情是否妥当，一概承诺的话，不足以令人相信。

志不强者智不达，言不信者行不果。 ——《墨子·修身》

【释义】意志不坚定的人，才智也不会通达；不讲信用的人，行动也不会有结果。

能信不为人下。　　　　　　　　　　　——《左传·昭公元年》

【释义】能守信用的人就不会居于人下。

信不由中，质无益也。　　　　　　　　——《左传·隐公三年》

【释义】诚信如果不是发自内心，虽有人质也没有用处。

弃信背邻，患孰恤之？无信患作，失援必毙。

　　　　　　　　　　　　　　　　——《左传·僖公十四年》

【释义】失去信用，背弃邻国，遇到灾难，谁还同情你？不守信用而发生灾祸，又没有人援助，一定会灭亡。

不精不诚，不能动人。　　　　　　　　　——《庄子·渔父》

【释义】不精准，不诚实，是无法打动别人的。

无行则不信，不信则不任，不任则不利。　——《庄子·盗跖》

【释义】没有德行就不能取得别人的信赖，不能取得别人的信赖就不会得到任用，不能得到任用就不会得到利益。

言无常信，行无常贞，惟利所在，无所不倾，若是则可谓小人矣。

　　　　　　　　　　　　　　　　　　——《荀子·不苟》

【释义】说话经常不守信，行事经常不忠贞，只要有利可图，就拼命钻营，像这样的人就可以称为小人了。

天行不信，不能成岁；地行不信，草木不大。

　　　　　　　　　　　　　　　　——《吕氏春秋·贵信》

【释义】天的运行如果不遵循规律，就不能形成岁时；地的运行如果不遵循规律，草木就不能长大。

君臣不信，则百姓诽谤，社稷不宁；处官不信，则少不畏长，贵贱相轻；赏罚不信，则民易犯法，不可使令；交友不信，则离散郁怨，不能相亲；百工不信，则器械苦伪，丹漆染色不贞。

——《吕氏春秋·贵信》

【释义】君臣不讲诚信，那么百姓就会批评指责，国家就不会安宁；做官不讲诚信，那么年少的就不敬畏年长的，地位尊贵的和地位低贱的就相互轻视；赏罚不讲诚信，那么百姓就容易犯法，不遵守法令；结交朋友不讲诚信，那就会离散怨恨，不能相互亲近；各种工匠不讲诚信，那么制造器械就会粗劣作假，颜料颜色就不纯正。

口惠而实不至，怨灾及其身。　　　　——《礼记·表记》

【释义】只在口头上许诺给别人好处，而实际上却没有做到，就一定会给自己招来怨恨和灾祸。

有其言，无其行，君子耻之。　　　　——《礼记·杂记下》

【释义】有那样的言论，却没有那样的行为，君子为此感到羞耻。

儒有不宝金玉，而忠信以为宝。　　　　——《礼记·儒行》

【释义】金银珠宝并不值得宝贵，忠诚和诚信才值得宝贵。

千人之诺诺，不如一士之谔谔。　　　　——《史记·商君列传》

【释义】众多唯唯诺诺、不敢讲真话的人，不如一个仗义执言、敢讲真话、处事公道的人。

父子不信，则家道不睦。　　　　——武则天《臣轨下·诚信章》

【释义】如果父子之间互不信任，互不理解，那么家庭就不会和睦。

君子宁言之不顾，不规规于非义之信。　　　　——张载《正蒙》

【释义】君子宁可言语无所顾忌，也不能拘泥于不守道义的信誉。

修学不以诚，则学杂；为事不以诚，则事败；自谋不以诚，则是欺其心而自弃其忠；与人不以诚，则是丧其德而增人之怨。

　　　　　　　　　　　　——程颢、程颐《二程集》

【释义】不以真诚的态度研习学问，学业就会不精；不以真诚的态度做事情，事业就不会成功；考虑问题时不真诚，就会自欺并背离自己内心真实的想法；与人交往不真诚，就会丧失自己的道德修养还会招来别人的怨恨。

诚则是人，伪则是禽兽。　　　　——黄宗羲《孟子师说》

【释义】真诚是人与禽兽的根本区别之一，如果人没有真诚而欺诈作伪，那就是丧失了人性的禽兽行为。

半句虚言，折尽平生之福。　　　　——唐彪《人生必读书》

【释义】说半句空话、假话，就会失去一生的福分。

轻诺必寡信，与其寡信，不如勿诺。

　　　　　　　　　　　　——石成金《传家宝·金言》

【释义】不负责任的承诺，必然难以让人相信，与其让别人不信任，还不如不随便承诺。

参 考 文 献

[1] 孟子等：《四书五经》，中华书局2009年版。

[2] 李楠主编：《诸子百家》，辽海出版社2016年版。

[3] 司马迁：《史记》，中华书局2006年版。

[4] 罗国杰主编：《中国传统道德》六卷本，中国人民大学出版社1995年版。

[5] 汤一介主编：《中华人文精神读本》四卷本，北京大学出版社2012年版。

[6] 翟博主编：《中华优秀传统文化教育读本》，中国大百科全书出版社2020年版。

[7] 高滨、杜威主编：《中华传统文化主题故事读本》，浙江古籍出版社2018年版。

[8] 刘修明主编：《话说中国丛书》，上海文艺出版社2003年版。

[9] 汪石满主编：《中华文化精要丛书》，安徽教育出版社2003年版。

[10] 钟陵、程杰主编：《中国文人风情大观》，海南大学出版社1990年版。

[11] 张学智主编：《中华诚信故事一百零一夜》，广西人民出版社2015年版。

[12] 宋月航编著：《中华经典诚信故事》，金盾出版社2017年版。

[13]《周文化丛书》八卷本，政协岐山县委员会，中国文史出版社2015年版。

［14］《典说周文化》编委会：《典说周文化》，西安地图出版社2017年版。

［15］张岂之主编：《中华传统文化》，高等教育出版社2010年版。

［16］岐山县关心下一代工作委员会等篇：《岐山好家教好家风风采录》，2022年版。

［17］单孝虹主编：《中华诚信故事》，四川人民出版社2014年版。

［18］曹胜高、赵明主编：《中华优秀传统文化读本》，陕西师范大学出版社2016年版。

［19］田广林主编：《中国传统文化概论》，高等教育出版社1999年版。

［20］韦爱萍、王璐编著：《中华诚信故事》，陕西人民出版社2018年版。

［21］王会主编：《中华传统美德故事》，新疆人民出版社2009年版。

［22］杨吉成著：《中华诚信文化》，四川人民出版社2011年版。

［23］贺年主编：《世界经典名言警句金榜》，内蒙古人民出版社2003年版。

［24］罗国杰主编：《中国传统道德普及本》，中国人民大学出版社1995年版。

［25］曹洪金主编：《中华上下五千年》，北京燕山出版社2011年版。

后　记

　　为贯彻落实岐山县委、县政府"做活周文化"战略部署，周文化研究会换届后第一次常务理事扩大会上，研究决定编撰一套通俗易懂的八卷本《周文化传承丛书》。大纲确定后，编委会将《诚信卷》和《德行卷》编撰任务交给我，这既是对我的信任，又是一种鞭策，我深感责任重大，决心全力以赴完成好这项工作。

　　诚信既是中华民族的传统美德之一，又是社会主义核心价值观之一，也是周文化的基本思想理念之一。因此，在编撰过程中，必须把握三个要点：一是体现周文化思想理念，弘扬中华传统美德，传递社会正能量；二是有助于培育和践行社会主义核心价值观；三是注重通俗性、趣味性和可读性。我按照编撰大纲，经过深思熟虑，将《诚信卷》分为诚信文化、诚信典故（周文化典故）、诚信传承（历史传承故事）、诚信践行（当代岐山人诚信事迹）、诚信修养、失信警世、诚信名言七章。第一章五节是对诚信文化的介绍和理论探讨。后六章按照不同类型，每章分为六节，每章节都有引言。在历史典故和故事中选取耳熟能详、具有代表性的典型历史故事，并进行解读和点评。在周文化研究会同仁的大力支持下，我翻阅了大量的文献资料，借鉴了前辈们的研究成果，县委宣传部、县文明办、县关工委等部门提供了现代岐山先进人物事迹材料，使我顺利完成了《诚信卷》的编撰工作。在此，向帮助我完成此项工作的所有领导、师友、同仁，以及所有参考文献的作者表示衷心感谢。

孔子曰："人而无信，不知其可也。""主忠信，徙义，崇德也。"诚信是修身之道、做人之本、立国之基，是一种超越了时空、国家、民族和种族界限的道德规范。历史长河如大浪淘沙，随着时代的变迁，许多思想观念已被时代所淘汰，但诚信却历久弥新，依然是今天培育和践行社会主义核心价值观的重要准则之一。诚信文化犹如一座取之不尽、用之不竭的富矿，《诚信卷》只是其中开采出来的一小块矿石而已，因此，对于这样一座富矿，仍然有待于我们继续挖掘。

鉴于本人学识水平有限，失误遗漏之处在所难免，敬请专家学者及广大读者批评指正。

马庆伟

2023年1月

跋

2021年10月，我有幸当选为第三届岐山周文化研究会会长，在会员代表大会上，我表态要学习继承前任经验，按照创造性转化、创新性发展的思路，拓宽研究领域，在周文化传承践行上下功夫、做文章，使地方优秀传统文化更好地服务于经济社会发展。按照县委、县政府"做活周文化"战略部署，经过反复讨论，我们提出编撰一套《周文化传承丛书》，涉及《勤廉卷》《德行卷》《诚信卷》《家风卷》《教育卷》《孝道卷》《礼俗卷》《人物卷》共八卷，挖掘整理历史典故和民间故事，垫实基础文化资料，找准主题内容的源头，然后从历代传承入手，理清传承人物和传承故事，包括岐山人的传承践行事迹。要求语句通俗易懂，不穿靴戴帽，成为大众通俗读本和老百姓的"口袋书"。思路理清后，我们召开周文化研究会常务理事扩大会议，反复修改讨论，广泛征求意见。同时，征求了宫长为、孟建国、范文、霍彦儒、王恭等专家学者的意见和建议，并与杨慧敏、郑鼎文、刘剑峰同志反复沟通协商，提出编撰大纲。再次召开周文化常务理事扩大会议，进行讨论修改，落实撰写人员，明确分工任务，确定完成时限。随后，我向县委书记杨鹏程、县长张军辉分别汇报，得到了领导的肯定和支持，要求抓紧编撰，打造周文化传承精品工程。

　　《周文化传承丛书》八卷本大纲确定之后，各位撰稿人踊跃积极撰写，主动走访座谈，广泛搜集资料。年逾古稀的老会长郑鼎文先生冒着酷暑，坚持每天撰写在10小时以上。刘剑峰同志为了搜集孝道方面的内容，翻阅了大量文史资料，走访了多名文化人士，当他搜集到历代岐山人传承孝道的感人故事时，流下了热泪，为岐山人传承孝道而感动。青年作者马庆伟同志，承担着《德行卷》和《诚信卷》两大编撰任务，他白天忙于机关工作，利用晚上和休息日加班撰写，有时写到天亮，家属多次催他休息，他趴在桌子上打个盹又继续写作。每位编撰人员认真勤奋刻苦敬业的编撰故事，件件令人感动，催人奋进！有的作者风趣地说，《周文化丛书》人称"周八卷"，我们现在编撰的是"新八卷"，新八卷是《周文化丛书》的继承和发展。编委会要求高质量完成编撰任务，既要体现周文化的博大精深，又要传承发扬光大，从而使周文化深深扎根于读者的心坎里！

　　《周文化传承丛书》的编撰发行，离不开各级党政组织和社会各界的大力支持与厚爱。宝鸡市社科联周文化资深学者王恭先生，担任本丛书编辑和统稿工作，从2022年10月开始，王恭先生对送来的丛书初稿，按照体例要求，逐字逐句推敲，认真仔细修改，为丛书出版做出了贡献！中国先秦史学会会长宫长为先生对丛书编撰给予精心指导，并为本丛书作序，对丛书给予充分肯定，鼓励要求我们大力挖掘周文化资源，花大力气传承周礼优秀文化，使周文化彰显璀璨魅力。县人大常委会主任王辉，县政协主席刘玉广对丛书编撰出版工作给予大力支持、精心指导。县委常委、宣传部部长王武军对丛书编撰工作高度重视，要求高质量完成编撰任务。县文化和旅游局局长杨慧敏在丛书编撰过程中，从历史典故、历代传承到现代传承提出了意见和建议，对丛书出版予以精心指导。在出版社审稿期间，马庆伟同志对书稿又进行认真核校，并与出版社衔接沟通，精益求精，力求做到万无一失。

　　由于丛书编撰时间紧迫，内容还缺乏系统性和完整性，词汇和语句有许多不足和缺陷，有些典故和传承故事难免出现重复，望广大读者给予指导雅正，以便更进一步做好编撰工作。

岐山周文化研究会会长　傅乃璋

2023年12月